Giunti Editore è socio di IBBY Italia

Leggere per crescere liberi

Sostieni anche tu IBBY Italia, i libri per ragazzi, la lettura e il diritto a diventare lettori.
www.ibbyitalia.it

Testo: Matteo Grimaldi
Matteo Grimaldi è rappresentato da Cristiana Ferrari

Redazione e impaginazione: Paola Fabris
Illustrazione di copertina: Francesco Fagnani

www.giunti.it

Via Bolognese 165 – 50139 Firenze – Italia
Via G.B. Pirelli 30 – 20124 Milano – Italia

Prima edizione: settembre 2024

Giunti Editore si impegna per uno sviluppo sostenibile con l'utilizzo di carta certificata FSC® proveniente da fonti gestite in maniera responsabile.

MISTO
Carta da fonti gestite in maniera responsabile
FSC® C115118

Stampato presso Elcograf SpA, stabilimento di Cles

MATTEO GRIMALDI

ALIAS

GIUNTI

I

IAN. LA GARA. IL DELFINO. MOLLARE TUTTO. SGUARDI ALLO SPECCHIO

Ian continua a ripetersi che può farcela, non tanto a vincere – quello se lo aspettano tutti – quanto a portare a termine il suo piano suicida, con gli spalti della piscina strapieni, proprio nel gran giorno della finale regionale di nuoto a squadre.

Sta lì, magrolino e latteo, in equilibrio sul bordo della vasca, nell'attesa di partire e stravolgere il finale del film. Di una cosa è certo: se davvero lo farà – ancora non ci crede neanche lui – le conseguenze saranno irreparabili.

Con le dita dei piedi sente lo spigolo freddo e bagnato da cui si staccherà per il tuffo. Toccherà a lui chiudere la staffetta e i giochi. Controlla per la quarta o quinta volta che la cuffia sia in ordine. Si piega a sinistra e poi a destra per gli ultimi esercizi di stretching. Incamera più aria che può, poi guarda dalla parte dei suoi compagni, che non possono sapere cosa ha in mente. Il coach sembra stregato dagli ultimi cinquanta metri a delfino di Pietro, che si solleva abbracciato dagli schizzi e rientra prima con le braccia e poi col resto del corpo a un ritmo elevatissimo.

Lo dicevano tutti che a disputare la finale nazionale ci sarebbero andati proprio loro della Neptune.

Ian butta fuori l'aria. Scompone gli ultimi movimenti di Pietro in istanti così definiti da riuscire a fermare il fotogramma in cui la sua mano tocca la piastrella azzurra. Si dà lo slancio e i loro occhi si incontrano in volo. Sperava di cogliere sul volto di Pietro un impercettibile segnale di tenerezza. Un giorno forse si domanderà perché ha sprecato tutto quel tempo a desiderare l'impossibile. E invece lo sente gridare: «Vai, sirenetta!».

Certe parole non te le scrolli di dosso, e nemmeno il tono. Inseguono Ian sott'acqua, dove il blu è schiarito dai fasci di luce dei fari che dal soffitto attraversano la superficie in movimento. Lui continua a spingere con le gambe, guardando il fondo, con la voce di Pietro che rimbalza nella testa amplificata dal silenzio. Buca l'acqua, respira, e tornano le urla della gente.

La gara è tutta nella sua bracciata.

Qualche mese prima, Ian si era quasi deciso a mollare il nuoto, e non per via delle torture a cui lo sottopone Pietro dentro e fuori dagli spogliatoi. Nei suoi confronti prova un'attrazione che non può ignorare. Ogni volta che si allontana da lui, si sente risucchiare da una corrente di risacca. Pietro è il suo abisso. La decisione di chiudere era arrivata dopo l'ennesima discussione con sua madre.

«All'allenamento devi dare il massimo, fatti notare dal coach!»

«Mm...» aveva risposto lui tirando su il borsone.

«Ian, non sei motivato, non mi piace».

Non l'aveva guardata neanche.

«Ma che ti succede?» aveva incalzato lei al primo silenzio del figlio. Non perdeva occasione di segnare un punto a proprio favore.

«Non mi succede niente, mamma».

«La squadra punta su di te!»

«La squadra, oppure tu e papà?»

«Ian, noi vogliamo il meglio».

«E lo decidete voi qual è il meglio per me?»

«Il tuo coach dice che puoi arrivare lontano».

Il coach... ancora il coach.

Esisteva anche un'altra parte di lui: la persona che stava diventando e che i suoi genitori non conoscevano, i sentimenti che provava, per chi li provava.

«A scuola sei una vergogna, almeno col nuoto puoi...»

Ecco che ricominciava a mettergli ansia. Sua madre era una gran maestra nel ricordargli tutti i suoi fallimenti scolastici.

"Dovrebbero premiarla per quel suo talento" aveva pensato.

«Posso cosa?» Aveva le fiamme negli occhi. «Mi avete rotto!»

Era uscito di casa trascinato dall'istinto di gettare il borsone giù dal cavalcavia.

Si era messo a camminare, mentre il telefono in tasca continuava a vibrare. Sul gruppo della festa c'erano 64 notifiche.

I suoi compagni di classe si auguravano di sbronzarsi. Ian aveva scosso la testa con un mezzo sorriso. Col festeggiato a malapena ci parlava eppure, al buio di quel tardo pomeriggio invernale, si era lasciato alle spalle l'ingresso della piscina e aveva continuato fino alla fermata del bus che lo avrebbe portato alla discoteca Miami. Stava costruendo una distanza di sicurezza dai suoi genitori e dai brutti pensieri.

«D'ora in poi agli allenamenti ti ci accompagniamo io e tuo padre».

Lo aveva accolto così sua madre, senza neanche aspettare che mettesse l'altro piede in casa. Aveva mosso la mano davanti al naso disgustata dall'odore di fumo che gli era rimasto addosso, lei che pure fumava.

Ian aveva preso le scale e si era chiuso nella sua stanza. Aveva afferrato una coppa dorata dalla mensola dei trofei – non una qualsiasi – e l'aveva scaraventata sul parquet, che si era squarciato in un flashback: i suoi passi verso il podio, quella coppa fra le mani, i suoi compagni di squadra che lo applaudivano. Fra loro c'era anche Pietro. Era bastato quel ricordo a cambiare i suoi progetti. Aveva deciso prima di tutto di nuotare ancora e poi di portare a termine il suo piano folle. Si può dire che avesse preso la prima decisione in funzione della seconda, quando gli era parso di avere tutto il tempo per pensarci e ripensarci.

E poi il tempo era finito.

Ogni volta che Ian prende aria, vede la testa del ragazzo nella corsia accanto sempre più allineata alla sua. Aumenta la bracciata, le gambe tengono il ritmo. La realtà irrompe in tutta la sua urgenza: i suoni, gli schizzi d'acqua sulla faccia, le luci, la corda con le boe rosse a separarlo dal suo avversario.

Ian tocca il bordo, si volta a guardare il tabellone: ha vinto. Non può festeggiare, deve fare ciò che ha deciso senza perdersi in pensieri. Salta fuori dalla vasca. I suoi compagni di squadra esultano, urlano: «Fi-na-le, fi-na-le...!». Da questa sera Ian sarà l'atleta e il figlio sognato in un colpo solo. Lui sa di non essere né l'uno né l'altro, e sta per dimostrarlo a tutti.

Raggiunge Pietro, il suo corpo massiccio e la solita espressione che precede la coltellata. Prima che possa anche solo domandarsi cosa voglia da lui, Ian lo abbraccia con rabbia – lo stringe ai fianchi e preme le mani sulla sua grossa schiena – si solleva sulle punte e lo bacia sulla bocca, trattenendosi con le labbra sulle sue finché Pietro non lo spinge via con forza, e lui cade sbattendo con la faccia sul pavimento della piscina.

«Non ci provare mai più!» esclama Pietro tra i denti, prima di raggiungere gli altri che fanno festa.

Ian si risolleva. Qualche suo compagno di squadra ridacchia guardandolo.

«Tutto ok» dice a chi gli chiede se sta bene.

Avverte un calore liquido sul viso. Si allontana a passo traballante verso gli spogliatoi, con la mano sul naso, mentre Pietro continua a saltare con gli altri intonando inni di gloria.

Ian tiene gli occhi chiusi sotto il getto freddo della doccia nella speranza che possa anestetizzare il dolore. L'acqua si colora di rosso e scurisce per pochi istanti la pelle candida del suo petto.

Quando riapre gli occhi si accorge di non essere solo. Osserva il ragazzo di spalle. Dal costume che indossa non sembra appartenere a nessuna delle squadre del torneo. Appende l'accappatoio bianco e lo raggiunge alle docce. Si lava in fretta senza togliersi la cuffia e il costume, e senza mai ricambiare il suo sguardo.

"I nostri due corpi messi insieme non ne fanno uno intero" pensa Ian. Intanto l'altro indossa l'accappatoio e va a sedersi su una panca. Subito dopo lui fa lo stesso.

«Ehi, stai...»

«Cosa?»

«Stai sanguinando dal naso».

Il tono basso e delicato della voce lo confonde. Ian resta fermo senza muovere un muscolo.

Avrà sui quattordici anni, come lui. I capelli bagnati incollati alle guance hanno una sfumatura viola. Tira fuori un astuccio dal borsone e si avvicina. Gli occhi celesti sembrano illuminati da dietro.

«Non penso sia rotto» dice, appoggiando un grosso batuffolo bianco sul palmo della mano di Ian. «Tienilo premuto sul naso».

Ian obbedisce. Una fitta di dolore lo obbliga a stringere ancora gli occhi.

Con la testa inclinata, segue i jeans chiari e le sneakers bianche coi lacci viola che si muovono poco distante. Controlla che il sangue si sia fermato, intanto l'altro, a petto nudo, si lucida le labbra con uno stick. Poi indossa una camicia bianca, muove i capelli con la mano facendo saltare via le ultime gocce d'acqua.

I loro sguardi si incontrano nello specchio, col rumore del phon in sottofondo. Ripassa il contorno degli occhi con una matita nera: si sta trasformando.

«Il naso sembra a posto» gli dice tornando da lui, poi riprende il batuffolo carminio dalla sua mano. «Questo lo possiamo buttare via... Ma come hai fatto?»

«Un incidente, anzi... ho fatto proprio una cazzata».

«Se vuoi ne parliamo».

«Lascia stare» chiude il discorso Ian.

«Nell'ultimo anno ho detto *lascia stare* almeno un milione di volte».

Indossa una giacca di jeans, recupera il suo borsone, si volta.

«Comunque io sono Gea».

Ian non sa se sia o meno riuscito a rispondere col suo nome. Sente le loro mani stringersi in quella che avrebbe dovuto essere una presentazione, e invece è un confuso scambio di energie. Si salutano senza salutarsi. Seduto sulla panca, ancora in accappatoio, resta a guardare la porta dello spogliatoio sbattere, attraversato da qualche brivido di freddo.

2
GEA. LA SUA ISOLA. BAMBOLE. IL BANCO VUOTO. IL SOLITO TEMPO

Gea ammirava il mare da dietro il vetro del balconcino della sua stanza al secondo piano, con lo stupore di chi non ha parole di fronte a uno spettacolo di cui vorrebbe far parte. Le onde si abbattevano sulla scogliera. Sembravano avercela con qualcuno, voler condividere con lei lo stato d'animo. Si sentiva la giovane divinità della sua isola, e già in guerra.

Le domande si erano moltiplicate e sovrapposte senza lasciarsi decifrare. Erano uscite dalla testa e cadute ai suoi piedi. Era il tempo della confusione; sarebbe arrivato forse quello della comprensione. L'unica certezza che Gea aveva avuto allora era stata che doveva farcela da sola. I suoi compagni di scuola, la mamma, il papà, suo fratello Giulio, la nonna, gli sconosciuti per strada – insomma, tutti – quando se la ritrovavano davanti vedevano un piccolo essere umano di dieci anni, di nome Marco, con i capelli biondi che non voleva tagliare mai e gli occhi celesti.

Come avrebbe potuto biasimarli, se era quello che continuava a vedere anche lei?

«Maestra, Marco legge un libro da femmine» aveva detto Carlo in classe.

Non era la prima volta che capitava, ma era stata diversa dalle altre, perché Gea aveva intuito che stava accadendo qualcosa di grosso dentro di lei.

«Non è vero» aveva risposto, chiudendo subito il libro e lasciandolo cadere sul banco come se fosse diventato incandescente.

Lo aveva scelto per la copertina rosa piena di stelle brillanti attorno alle due fate protagoniste. Le piacevano le storie di magia. La maestra Chiara si era avvicinata, aveva preso il libro fra le mani e aveva detto: «Bambini, non esistono libri da maschi e libri da femmine. Esistono solo storie, che ci possono piacere oppure no».

«Ma è rosa!»

«Anche la maglia di Giacomo è rosa» aveva precisato la maestra, e tutti si erano voltati a guardare il compagno seduto accanto a Carlo. «Mica per questo decidi di non essere più suo amico, giusto?»

Carlo non aveva risposto e lei aveva chiuso il discorso: «Ricordate sempre, non cose da maschi e cose da femmine, solo cose che ci piacciono o non ci piacciono».

Peccato che le parole della maestra Chiara non avessero funzionato, perché nessuno dei suoi compagni aveva mai creduto che il romanzo delle fate scelto da Gea fosse un libro per tutti.

Cosa avrebbe detto Carlo se avesse visto le bambole sparpagliate sul tappeto dietro di lei?

Continuava a comprargliele suo padre, con negli occhi la paura di avere per figlio un maschietto sbagliato. A stabilirlo è un codice non scritto, ma di cui tutti sono in possesso. Quello lo puoi fare, quello non lo puoi fare.

«Non farle vedere a mamma, mi raccomando!» le ricordava, come se sua madre vivesse in un'altra casa, o su un altro pianeta, come se le sue bambole fossero oggetti pericolosi. Lo erano.

Quando usciva dalla stanza, Gea le lasciava schierate a terra. Erano il suo esercito da preparare alla battaglia. Stava per succedere: le onde la avvisavano colpendo gli scogli senza domandarsi se fosse giusto o sbagliato. Lo facevano e basta. Come avrebbe voluto essere come loro! Lei che planava verso terra, come una foglia secca in una giornata senza vento, prima di essere calpestata da chi non riusciva a vederla, fino a sbriciolarsi.

Gea non sa quanto lunga sia la scala verso la felicità – ognuno ha la propria da salire – ma fare un gradino per volta le dà l'illusione che il cammino sia quantomeno praticabile. Dall'isola alla città: la sua salvezza.

Si è abituata a contare i mesi e poi gli anni in prove superate, non superate o superate a metà che, nel suo caso, sono la stragrande maggioranza: appuntamenti rimandati, non persi del tutto. Non ha più parlato della mamma con suo padre. Lei ha smesso di chiedere notizie, lui di dirle che la mamma ha bisogno di tempo. Giustificazione che la fa infuriare.

Chissà se sua madre pensa a lei almeno la metà di quanto Gea impiega a sperare di rimettere tutto a posto, oppure se nella sua memoria vive ancora Marco, figlio biondo, che non c'è più. Chissà se sua madre sa che oggi è un giorno importante, il suo primo giorno nella nuova scuola. Ma sì che lo sa! E allora perché dalla casa sull'isola, dalla cucina oppure da qualche altra stanza, non la chiama? Quanto avrebbe bisogno di qualche sua parola, di sentirla vicina mentre colma la distanza di pochi passi fino al cancello grigio spalancato dell'Istituto Tecnico Commerciale Giuseppe Mazzini.

La stanno fissando tutti. Lo sa senza dover per forza ricambiare gli sguardi. Si volta a guardare il muro altissimo che qualcuno ha costruito al di là della strada e che divide la scuola dal resto della città.

"È orribile e non ha senso" pensa, prima di spingere la porta a vetri.

«Buongiorno. Dovrei andare in I B» dice alla donna in piedi dietro il bancone, che continua a smistare il traffico degli studenti di tutte le età. Sembra che abbia paura che qualcuno possa vedere quella confusione e prendersela con lei.

«Devi salire le scale là in fondo» le risponde, indicando il corridoio sulla destra.

Gea si avvia, poi sente una mano sulla spalla. D'istinto fa un passo di troppo per creare una distanza.

«Ehi, sono in I B anche io».

La ragazza bionda che le ha rivolto la parola ha gli occhi di un colore che ricorda quel misterioso magnetismo dei gatti.

«Io sono Chloe».

«Io...»

Con quale nome dovrebbe presentarsi a una nuova compagna di classe di prima superiore?

«Tu devi essere Gea!»

«Ok... sono già una celebrità?»

«Più o meno...» risponde Chloe pensierosa, poi esclama: «Andiamo!».

Al loro ingresso in aula il volume delle voci si abbassa fino quasi ad annullarsi. Gli insegnanti avranno parlato a lungo del suo arrivo, per la storia dell'inclusione, della lotta al bullismo, per non farla sentire diversa e le solite robe che non funzionano mai con lei. Chissà quali parole avranno utilizzato per convincere i suoi compagni a fare l'enorme sforzo non tanto di coinvolgerla – quello è chiedere troppo – ma almeno di non giudicarla e lasciarla in pace, cosa che le sarebbe bastata e avanzata.

«Se vuoi, il banco accanto al mio è vuoto» dice Chloe. «E, se non lo occupi tu, lo resterà per sempre».

La porta dell'aula si apre ed entra una donna in jeans neri, giacca di pelle chiusa da un'evidente zip, occhiali da sole infilati in una chioma di capelli ricci e gonfi che danno sul rosso scuro.

«Buongiorno a tutti e tutte!»

«Lei è la Testa, la prof di italiano e storia» sussurra Chloe.

«Eeehhhhiii! Qualcuno ha problemi di udito qui dentro?!» urla la professoressa e batte tre colpi sulla cattedra. L'anello al dito si scontra col legno del tavolo ottenendo il silenzio.

«Ora meglio... Oggi accogliamo Gea».

Dal fondo dell'aula si riaccende il brusio, parte qualche risata. Non importa, la prof l'ha appena chiamata col suo nome di elezione, quello che lei ha scelto. Non le pare vero. Le basta sapere che davanti a sé ha una persona che la vede. Vorrebbe salutarla, salutare la classe, ma tutte le frasi le paiono affrettate – il solito tempo che deve passare, e allora che passi pure – e dice solo: «Buongiorno», con un sorriso che cerca spazio sul viso.

3
CHLOE. BUONI E CATTIVI SENTIMENTI. ALI DI LAVA. TSUNAMI. L'UOMO COL CAPPUCCIO

Chloe osserva Gea seduta accanto a lei, dove nessuno aveva avuto il piacere di stare. Non è trascorso molto dall'inizio dell'anno, ma quell'isolamento in un angolo dell'aula, di giorno in giorno, l'aveva convinta che avrebbe trascorso cinque anni in esilio, interrotto solo dalle sgradite incursioni dei soliti. Invece Gea è una presenza così luminosa da calamitare senza volerlo le attenzioni di tutti. Se questo sia più un bene o un male è troppo presto per dirlo.

La conosce da meno di un'ora e pensa già che vorrebbe scattarle una foto, ritrarre quella sua espressione ipnotizzata dalla voce della prof Testa, cosa che non la sorprende. È certa che, col passare dei giorni e delle lezioni, l'adorerà. La stessa certezza, ma dell'opposto, ce l'ha per il Cioffi: nelle sue mani Gea farà la fine di una polpetta sugosa nell'ora del pranzo. Domani, alla prima ora, il Cioffi entrerà in aula coi soliti pantaloni bianchi e neri di tessuto pesante come il suo respiro, e poi inizierà a masticare Gea con i movimenti lenti e umidi della bocca che fa mentre spiega un teorema di geometria.

Al suono dell'intervallo Chloe prende Gea per mano e la trascina fuori dall'aula, allontanandosi dai passi pericolosi in avvicinamento di quelli dell'ultima fila.

«Ti faccio fare un giro della scuola».

Percorrono il corridoio fino al giardino.

«Addirittura il bar all'aperto!»

«Certo!» risponde Chloe, dandosi delle arie. «Siamo in città qui!»

L'espressione di Gea cambia e Chloe avverte il senso di colpa di chi ne è la causa. Non intendeva sminuire le sue origini – lei sull'isola non c'è neanche mai stata – ma deve aver detto qualcosa di sbagliato.

«Mi dispiace».

«Per cosa?»

«Per quello che ho detto».

«E cosa hai detto?» domanda Gea con un accenno di risata stupita.

Il suo modo di fare, i toni, gli sguardi, il sorriso che le resta sul viso, come puntini di sospensione che non chiudono una frase, la spiazzano. Nulla che abbia a che fare con la grande guerra che combatte contro il suo aspetto, quello che si vede da fuori e che Chloe si illude di capire.

«Comunque con me lascia stare» riprende Gea. «A essere sbagliato è tutto il mio passato».

«Il passato… è passato. Giusto?»

«Il passato è un casino, perché non rimane dove lo lasciamo… Ehi, ma avete anche il cinema all'aperto?»

Chloe avrebbe voluto chiederle di raccontare di più, ma

lei è già fuggita dal discorso simulando stupore alla vista di qualche seggiola sull'erba.

«Benvenuta all'agorà! I prof ci portano qui quando dobbiamo prendere decisioni di classe. Alla preside Mastranga non piace. Dice che è solo un modo per farsi una passeggiata fuori. Ti dico subito che se la incontri – è sempre in giro a controllare tutto e tutti – salutala e scambiaci due parole. Gli studenti gentili sono gli unici che si salvano».

Un gruppetto le osserva con l'interesse tipico per l'attrazione speciale dello zoo. Chloe capisce che non è lei che puntano.

I capelli viola tirati indietro dal gel e tenuti da un fermaglio con una falena d'argento, la carnagione scura, gli occhi celesti truccati di nero, la bocca lucida e carnosa...

"È quello dell'isola che vuole diventare femmina!" dicono quegli sguardi che non hanno bisogno di voce per farsi sentire.

Gea sembra non vederli. Ignifuga, non esistono per lei.

"Ma come fa?" pensa Chloe un attimo prima che le prenda la mano – stavolta è Gea a farlo – e ricominci a camminare fra gli studenti incuriositi. Li dividono al solo passaggio, lasciandoli sul posto, con tutti i loro buoni e cattivi sentimenti rimasti bloccati in gola. Chloe, durante quella specie di marcia, si sente intoccabile, a cavallo della schiuma bianca di un'onda.

«Così, per qualche ora, ci lasciamo la città alle spalle» aveva detto mamma Tiziana.

Avevano deciso di fare una passeggiata alla Crocetta e Chloe era felice, come tutte le volte che erano in tre. Mentre Debora preparava i panini, lei aveva messo nello zaino la borraccia piena e la macchina fotografica; avrebbe potuto rinunciare alla prima, ma mai alla seconda.

Tiziana aveva parcheggiato l'automobile lungo la strada; vicino alla sbarra da cui iniziava il percorso non c'era un solo posto libero. Nel fine settimana, e con quel sole che anticipava la primavera, era prevedibile che la montagna venisse presa d'assalto, soprattutto se vivi in una città di palazzi alti e fitti che nascondono la vista del cielo.

Il sole bagnava il sentiero con pozzanghere di luce. Era Chloe a stabilire il passo, che dipendeva dalle volte in cui si bloccava a osservare qualcosa di meraviglioso o di segreto. Da quando Tiziana le aveva insegnato a utilizzare la macchina fotografica con l'occhio della giornalista, Chloe si era messa in testa di fotografare le emozioni nascoste, quelle che riescono a vedere solo i professionisti come sua madre. La sua preferita era la felicità e la cercava ovunque, come si fa con qualcosa che comincia a mancare, nonostante lei ancora ne avesse in abbondanza.

Si era fermata sul ciglio del sentiero, oltre il quale la boscaglia si faceva più fitta seguendo la pendenza. Una farfalla dai colori accesi riposava su un piccolo fiore bianco, l'unico sull'arbusto. Mentre riduceva la distanza senza perdere di vista il suo soggetto, Chloe aveva preparato la macchina fotografica con gesti ormai automatici delle mani. Si era accovacciata sulle gambe: la farfalla oscillava, sembrava respirare nell'obiettivo. Era azzurra, con macchie nere, arancioni e rosse che le ricordavano la lava di un vulcano. Chloe aveva pensato che mai nella vita avrebbe rincontrato una farfalla infuocata come quella.

Non esisteva nient'altro, nemmeno le sue due madri poco più avanti che la guardavano con una dolcezza che le avrebbe fatto piacere cogliere. Ma era ciò che doveva accadere.

«Il mondo intorno deve sparire. Ci siete solo tu e il tuo soggetto» diceva Tiziana durante le loro lezioni.

Peccato che il mondo fosse ricomparso sotto forma di un cane di piccola taglia, appartenuto a chissà chi, che aveva raggiunto Chloe scodinzolando e poi si era lanciato in avanti. Si era messa a scattare quasi a casaccio. In un attimo la farfalla infuocata non c'era più.

«Non devi dispiacerti. Non è stata colpa tua». Tiziana non era riuscita a cancellarle il broncio.

«Maledetto chihuahua!» aveva esclamato lei con una serietà che suonava buffa.

Raggiunta la chiesetta a metà del percorso, si erano fermate a mangiare un sandwich sulla panca accanto alla fontana. Chloe scorreva gli scatti: erano sgranati, in uno si vedeva una scia azzurrina sbiadita. Nell'ultimo, la farfalla era in volo a pochi centimetri dal fiore, le ali aperte con i colori accesi dalla luce. Tutto il resto, dietro, era indefinito, proprio come voleva lei.

«Mamma, guarda!»

Tiziana aveva studiato l'immagine muovendola con le frecce.

«È proprio vero che dall'imprevisto nascono le fotografie migliori. Ottimo lavoro!»

Ci avevano impiegato quasi due ore per raggiungere la piana da cui si vedeva l'enorme croce di ferro rossa che indicava la cima. Durante il tragitto Chloe era rimasta sempre qualche passo indietro e aveva scattato un centinaio di foto, la maggior parte alle sue madri: Debora che teneva la mano dietro la schiena di Tiziana a sostenerla nella salita, Debora che tirava via un rametto intrappolato fra i capelli di Tiziana, Debora che le passava l'acqua, Tiziana che rideva, Debora che la tirava a sé e la baciava.

"Certe volte sono peggio di due ragazzine" aveva pensato.

Tiziana che guardava Debora pensierosa, Tiziana che fissava un punto non ben definito all'orizzonte, Tiziana che si voltava, le sorrideva e la implorava di non fotografarla, mentre lei scattava ancora: *CLICK!*

Non c'erano pericoli sulla cima di una montagna, con ai piedi la città e la croce di ferro alle spalle. Chloe aveva tirato dentro quanta più aria possibile, come se potesse servirle a valle, per affrontare lo tsunami che si sarebbe abbattuto sulla loro famiglia.

Chloe procede verso casa con il passo frettoloso del doposcuola. Prova a far durare quel tratto di strada il meno possibile. È l'esatto contrario della bellezza che cerca: lo smog delle automobili, i clacson impazienti, le lunghe attese sulle strisce pedonali. Sembra che nessuno abbia qualche istante di pazienza per lasciarla passare. Non fotograferebbe niente di niente nel raggio di chilometri. Questo è certo.

Gea l'ha salutata dimostrando di non dare a quel gesto troppa importanza. Si rivedranno domani e chissà per quanti giorni ancora. Allora perché ci è rimasta male?

A ogni passo studia i dettagli, sta affinando il suo istinto. All'interno dell'automobile grigia parcheggiata accanto a lei c'è un uomo al telefono. È ben vestito, con una giacca blu e la cravatta. Da lì non può sentire la sua voce, intrappolata dai finestrini chiusi. Dal modo in cui tira cazzotti sul volante sembra essere molto arrabbiato.

Una camionetta dei vigili del fuoco si ferma, poi accende i lampeggianti riuscendo così a farsi spazio fra le automobili in coda. Dev'esserci un'emergenza da qualche parte. Chloe ha la tentazione di lanciarsi in mezzo alla strada per fermarli, poi salire a bordo e condurli a casa sua a salvare il salvabile. Sempre che ci sia ancora, come spera, qualcosa da salvare.

Tiziana e Debora non fanno altro che litigare per poi non parlarsi per giorni. Il motivo non glielo dicono, anzi, la rassicurano, prendendola per scema.

Svolta sulla strada di casa, lasciandosi dietro tutta quella vita rumorosa e arrabbiata. Sta per aprire il cancelletto del giardino quando lo vede: un uomo di corporatura grossa, con una felpa nera e il cappuccio sulla testa. È di spalle. Chloe si accuccia dietro il muretto esterno. Da lì segue i suoi spostamenti. Lui si guarda intorno nel pianerottolo come per accertarsi che non ci sia nessuno. Si avvicina ai contenitori della raccolta differenziata e ne svuota uno davanti al portoncino.

Dopo mesi, potrebbe finalmente dare un volto alla persona che tormenta la loro famiglia, se solo si girasse. Tira fuori dallo zaino la macchina fotografica. Scatta foto all'impazzata sperando di catturare un particolare utile a incastrarlo. Se aveva funzionato con la farfalla, forse... Quante cose erano cambiate! Poi grida: «Ehi!».

L'uomo si paralizza, ma non si volta; sono attimi lunghi in cui Chloe aspetta col mirino puntato. Lui lascia cadere tutto a terra e si mette a correre. Lei prova a stargli dietro. Lui scavalca la recinzione opposta e si ritrova nella proprietà dei vicini, prima di rituffarsi nel traffico. La cancellata è altissima, lo ha perso. Allora torna indietro a osservare la devastazione. Debora dovrà sopportare la vista della piccola aiuola di rose ricoperta di spazzatura, poi ripulirà tutto prima del ritorno di Tiziana e farà finta che quell'episodio non sia accaduto. Avranno altro di cui parlare o non parlare.

Chloe vorrebbe urlare forte. Dalla sua bocca uscirebbero fiamme, spente solo dal pensiero di Gea.

4
GEA. CONTRO TUTTO. NESSUNA BAMBINA IN CASA. FINZIONE. IL CLICK IMPREVISTO

Gea credeva che sarebbe bastato diventare profonda come il mare e dura come le alte pareti rocciose che abbracciano la sua isola, per sopportare gli schiaffi delle onde. Sono imponenti, ideali per surfare – se solo avesse a portata di mano la tavola giusta – invece le tocca resistere, lasciarsi sommergere e poi di nuovo respirare e provare a fare un passo in più.

Costruire una corazza richiede tempo e pazienza. Ha dovuto iniziare con largo anticipo, convinta che presto o tardi sarebbe tornato il sole ad asciugare i suoi capelli – lo fa con gli scogli, perché non con lei?

A presentarla adesso è un'energia mitologica: l'ammirazione e il silenzioso rispetto che si riservano a chi riesce a muovere gli sguardi e i corpi degli altri con la sola presenza. Di contro, non poter mai abbassare le armi la consuma, come accade a quegli scogli di cui non sente più l'abbraccio, e che non si accorgono del sottile strato mangiato dall'acqua, colpo dopo colpo. Gea aspetta di poter gettare via l'armatura e provare di nuovo la dimenticata sensazione di passeggiare con addosso solo il tepore di una piacevole stagione.

Appena Cioffi entra in aula, lei alza le difese. Il tono del suo *buongiorno* intorpidisce la sua vista come gocce d'inchiostro nel bicchiere d'acqua che sta per bere.

«Chiudi la porta» dice il professore rivolto a Chloe, che si alza subito dal banco.

"Neanche un *per favore*" pensa Gea.

«Sono stato informato del fatto che abbiamo un nuovo studente» continua guardandosi intorno.

La individua in prima fila. Si passa la lingua sul grosso labbro superiore. Gea prova un moto di disgusto.

«Benvenuto, Marco! Spero ti possa trovare bene nella nostra scuola».

Ancora *Marco*, il nome che prova a uccidere tutti i giorni. La verità è che certe parti di noi non muoiono mai, a meno che non le cancelliamo dalla memoria di tutti coloro che ci hanno incontrato e saprebbero riconoscerci.

«Professore, il mio nome adesso è Gea. Potrebbe chiamarmi così?»

Potersi dare un nome la fa risplendere; il suo devono conoscerlo tutti.

«*Adesso*, dici... e domani?» Cioffi scorre la lista degli studenti, ferma il dito. «Sul registro c'è scritto *Marco Blunotte*. Sei tu?»

No che non lo è.

Sebbene per lo Stato rimarrà Marco per chissà quanto ancora, lui che è il suo insegnante potrebbe – Gea pensa anche "dovrebbe" – provare a comprendere le motivazioni della sua richiesta.

«Se tutti i tuoi compagni scegliessero un nome d'arte, ci ritroveremmo in classe Cristiano Ronaldo, Messi e compagnia. Capisci?»

Come se *Gea* fosse il nome di un personaggio che interpreta, e non quello che identifica la persona che sente di essere.

«Comunque, professore, in classe ci sono anche delle ragazze».

Dall'ultima fila arriva un *uuuhhh* di sorpresa per il coraggio che sta dimostrando con quel tono di sfida.

«Mi sembra evidente che tu non sia una di loro, Marco».

Cioffi continua a divertirsi a usare il suo *dead name* come un'arma di tortura a punta fine.

«Fai finta di niente» le sussurra Chloe.

«Ho smesso di fare finta da un bel po'!» esclama lei alzando la voce.

«Marco, vai fuori a prendere aria così ti rinfreschi le idee».

Uscendo dall'aula Gea nota la faccia lucida di Cioffi e si illude di averlo messo in difficoltà. Passa davanti al collaboratore scolastico, che perde l'attimo per domandarle dove pensa di andare, visto che i bagni del piano sono dall'altra parte. Raggiunge la finestra in fondo al corridoio e riprende a respirare.

Dal primo piano vede al di là del muro: palazzine, automobili, qualcuno cammina a passo svelto. La città si prepara al diluvio, come il suo umore.

Ripensa alla sua stanza sull'isola, alla finestra da cui ha assistito alla forza della natura fuori e dentro di lei, fino al giorno in cui ha dovuto accettarne e assecondarne l'impeto. Un altro mondo col quale sente il bisogno di rientrare in collegamento.

Tira fuori il telefono, scrive un messaggio a suo fratello.

Novità con mamma? E tu come stai?

Rimette il telefono in tasca e torna indietro nel tempo.

Erano usciti tutti: nell'aria doveva esserci un nuovo paio di scarpe o un gioco alla Play per Giulio, motivazioni che comunque non la convincevano. Sarebbero tornati in un paio d'ore, le aveva detto sua madre, e poteva chiedere alla signora Adele per la merenda e i compiti. Doveva esserci un motivo se la lasciavano a casa, se non le permettevano neanche di domandare dove stessero andando e a fare cosa.

Gea era rimasta da sola, nel silenzio del piano, rotto di tanto in tanto dalle faccende domestiche della signora Adele. Era entrata nella camera dei suoi genitori e aveva chiuso la porta stando molto attenta a non produrre rumori. Il letto rifatto, il solito profumo di pulito – era la lavanda che sua madre nominava di continuo – tutto in perfetto ordine.

Aveva aperto la prima anta del grosso armadio bianco che occupava l'intera parete. Aveva avvicinato una sedia e ci era salita sopra. Era rimasta a guardare gli abiti di sua madre. Mentre ne accarezzava le stoffe colorate sentiva un'elettricità percorrerle le dita.

Si era tolta la maglietta e la canottiera e le aveva lanciate verso la porta, aveva fatto lo stesso coi pantaloni della tuta che teneva in casa. Un brivido aveva attraversato il suo corpo di bimbo in mutande sulla sedia. Tuttora, quando ci ripensa, è convinta che non fosse dovuto al freddo, ma al cambiamento. Aveva tirato fuori dall'armadio una camicia di seta viola, era così grande che poteva farle da vestito. Aveva agganciato il primo bottone al collo. Era saltata dalla sedia con i raggi del sole che infuocavano il tessuto, era atterrata sul pavimento e si era stretta nel suo mantello da supereroe. Aveva tolto il cordoncino dai pantaloni e se lo era legato ai fianchi a mo' di cintura. Adesso era un abito da sera.

Aveva aperto il cassetto del comò dove sua madre teneva i trucchi. Aveva preso un rossetto rosso e se lo era passato sulla bocca. Tale era il desiderio che non le importava di seguire la linea delle labbra. Aveva continuato col blu scuro sugli occhi, le guance fucsia, il mascara sulle ciglia. Quando aveva alzato la testa, aveva visto nello specchio la sua anima oltre la faccia imbrattata, e aveva esclamato: «Io sono Gea Blunotte!».

Le voci dei suoi genitori e di suo fratello, assieme al portoncino che si chiudeva, l'avevano ripiombata nella realtà, quella di tutti, ma non la sua. Non dovevano vederla così. Aveva provato a slegare il laccio, ma le mani le tremavano e aveva finito per stringere il nodo ai fianchi. La camicia era rimasta intrappolata dietro la schiena. Aveva percorso tutto il corridoio di corsa, una creatura con ali di fenicottero in cerca di un rifugio che non esisteva.

«Come ti sei conciato?»

Gli occhi di Giulio la fissavano sorpresi e divertiti. Poi l'aveva presa per un braccio e l'aveva trascinata vicino alla scala.

«Mamma, papà! Marco si è vestito da femmina, venite a vedere!»

Sua madre era comparsa seguita dalla signora Adele. Senza parlare, l'aveva trascinata in bagno e aveva iniziato a passarle sulle guance e sugli occhi le salviette struccanti con tale vigore che Gea aveva temuto di vedere la pelle staccarsi e cadere nel lavandino.

La signora Adele assisteva alla scena fuori dalla porta, distante. Giulio aveva smesso di ridere, mentre le lacrime di Gea si mescolavano all'acqua scura di trucco e sapone.

Quando erano tornate in camera, aveva trovato suo padre che infilava le ultime bambole in un sacco di plastica nero. Era corsa verso di lui, si era attaccata ai suoi pantaloni e aveva cominciato a urlare.

«Abbiamo parlato con la dottoressa Galeano, la psicologa amica della nonna» aveva detto sua madre. «Ci ha dato dei consigli per farti sentire nel modo giusto. Da oggi giocherai con altri giochi, tuo fratello ti darà i suoi e ti aiuterà a divertirti». Le aveva messo una mano fra i capelli biondi e aveva concluso: «Marco, tu sei nato maschio e così devi rimanere». Poi aveva preso dalle mani di suo padre il sacco pieno di bambole. «Queste non servono più» aveva detto, passandolo alla signora Adele. «In casa non ci sono bambine».

Gea da quel giorno aveva deciso di fare contenti tutti. Aveva chiuso il suo nome all'interno di una scatola sigillata che aveva sotterrato in un luogo profondo della sua mente. Giocava a Fifa con Giulio assicurandosi che i suoi genitori la notassero. Esultava quando faceva gol ricordandosi di alzare la voce per farsi sentire. Suo padre sembrava più riflessivo del solito, sua madre sollevata. Nessuno dei due aveva più nominato la dottoressa Galeano.

Durò giusto il tempo che si accendesse l'estate. L'acqua non può muoversi controcorrente neanche per un secondo: Gea ci era riuscita per settimane.

Mentre tutti si salutano, uscendo dall'aula non prima di aver impercettibilmente rallentato accanto a lei, Gea continua a pensare alle parole del professor Cioffi, quel tono e – ne è certa – la volontà di umiliarla. Oltrepassa il cancello con Chloe al suo fianco.

Non è sufficiente che siano uguali gli elementi per ottenere lo stesso risultato. Per esempio, quel vento umido che le raffredda la faccia è così diverso da quello che le piaceva sfidare quando passeggiava sul ciglio roccioso della sua isola a precipizio sul mare. Come non è sufficiente cambiare tutto per cambiare in meglio.

«Ci vediamo dopo pranzo in piscina? Ho bisogno di togliermi l'unto di Cioffi di dosso».

Chloe prima fa il verso del vomito e poi annuisce facendole l'occhiolino. Si danno appuntamento alle 15:30.

Per quanto la conosca da pochissimo, Chloe si presenta come la candidata migliore con cui iniziare a costruire il suo mondo nuovo in città. Lo capisce dalle difese che crollano vicino a lei, dalla paura che non prova di fare un gesto sbagliato, dire una parola fuori posto, dallo sforzo che non fa di sembrare qualcun'altra o qualcun altro, dagli abiti che si toglie nello spogliatoio della piscina senza dover dire, spiegare, divertita dall'imbarazzo che Chloe non nasconde di fronte al suo corpo maschile. Non è brava a fingere come invece ha dovuto imparare a fare Gea, e questa, per ora, è la parte di lei che le piace di più.

«Lasciatemi!»

Gea non fa fatica a identificare la voce che sta urlando: è Ian, il ragazzo del sangue dal naso. Scatta verso la porta che divide gli spogliatoi dalle vasche. Lo stanno spintonando, sono in cinque contro uno. Lui cade sulle piastrelle azzurre, ma subito si rialza.

«Pietro, basta!» urla rivolto a un vero energumeno, che deve essere quello che gli altri stanno a sentire.

Gea e Chloe seguono dalla distanza, finché un'altra spinta non lo ributta giù. Stavolta Ian rimane a terra, con la faccia tra le mani.

«Lasciatelo in pace!» urla Gea dall'altra parte della vasca.

Chloe le stringe il braccio mentre l'energumeno la raggiunge. Ha un fisico statuario che le viene voglia di toccare, non perché provi per lui una qualche attrazione, ma per sentire la differenza fra quel corpo umano e il marmo a cui la fa pensare.

«C'è qualche problema, ragazze?» domanda protendendosi verso di lei.

Gea slaccia l'accappatoio e scopre il suo corpo di ragazzo.

Cosa pensa di ottenere? Stupore? Rispetto? Confusione? Timore?

Quello comincia a ridere.

«Un'altra mezza femmina...» commenta. «Mi sa proprio che bisogna fare una bella pulizia in città».

Poi si volta verso Chloe e qualcosa si inceppa. Gea nota un *click* nei loro sguardi.

L'energumeno chiama a raccolta gli altri quattro con un cenno del braccio – sembra voler tagliare in fretta – si tuffano e partono a stile libero.

«Ehi...»

Ian resta seduto sul pavimento bagnato, a pochi centimetri dal bordo della vasca. Non risponde a Gea, guarda da un'altra parte.

«È la seconda volta che ci vediamo ed è la seconda volta che sei in pericolo. Comincio a sentirmi responsabile della tua vita!»

Le piacerebbe strappargli un sorriso, ma è evidente che non ha voglia di ridere. Sta con le braccia raccolte attorno alle sue gambe sottili, deciso a non alzare la testa per evitare il suo sguardo.

«Tirati su, dai!» dice appoggiandogli una mano sul braccio.

Lui scansa la mano, si rialza da solo; una smorfia di dolore accompagna gli ultimi movimenti.

«Quanto ci metti a capire che non mi stai aiutando e che devi sparire da qui?»

Gea sente un'energia ghiacciata immobilizzarla.

Senza aspettare una sua reazione, che comunque non sarebbe arrivata, Ian entra in acqua, preferendo la compagnia di chi lo aveva appena umiliato a lei, intervenuta per salvarlo.

5
IAN. DENTRO UN VIDEOGIOCO. NON VOLTARTI. DIARIO. UNA COSA STRANA

Quella delle ultime settimane non può essere una pace duratura; Ian ha capito che ci sarà un prezzo da pagare. Già è qualcosa che i suoi compagni di squadra abbiano sospeso le manate in faccia, gli spintoni contro le pareti e gli sgambetti per farlo crollare sul pavimento della piscina, ma non c'è da stare tranquilli. È evidente da come lo tengono d'occhio, dalle risatine e dal tono con cui lo salutano con entusiasmo inverosimile, o gli chiedono: «Come stai, Ian?», mostrando una premura a cui non crederebbe nessuno che li conoscesse un minimo.

È diventato il protagonista di un videogioco in cui, nonostante la fatica, si ritrova inesorabilmente al punto di partenza, dove ad aspettarlo c'è il nemico, per niente stanco e con la banda al seguito.

Con la differenza che Pietro sembra essere uscito dal gioco. Forse gli è passata la rabbia – in fondo era stato solo un bacio, mica lo aveva spinto giù da un grattacielo – e ha lasciato ai suoi fedelissimi in costume da bagno le briciole del divertimento.

E se quel bacio avesse acceso in lui qualcosa che nessuno può vedere?

Ian ci crede – ha qualche vecchio motivo per sperarlo – mentre nuota dietro il suo corpo in movimento, le gambe muscolose che vincono la resistenza dell'acqua, e gli capita di perdere il ritmo per godere un istante di troppo di quella visione riservata a lui soltanto.

Non si spiega il fenomeno che cresce nello spogliatoio al termine degli ultimi allenamenti. Ogni volta che Ian si alza dalla panca per fare la doccia, con sapone e accappatoio in mano, qualcuno lo anticipa.

«Tocca a me» gli dice prima l'uno, poi l'altro, ricacciandolo indietro.

Lui segue con la coda dell'occhio Pietro che sorride; Pietro che fa una battuta scema; Pietro che non lo vede, neanche fosse un fantasma; Pietro nudo sotto la doccia; Pietro che si asciuga passandosi l'accappatoio sul petto, dietro la schiena, sulle gambe, si veste e si mette a sedere.

Ian non riesce a capire da cosa dipenda quell'attesa variabile. In un momento imprecisato, Pietro si alza, saluta i pochi rimasti e se ne va sempre più tardi.

Sta succedendo di nuovo.

"È pronto da un pezzo. Perché è ancora qui?" si chiede Ian allacciandosi le scarpe.

Sono rimasti loro due e nessun altro.

"Forse non vuole lasciarmi solo".

Pietro accavalla la gamba destra, muove il piede. Quella domanda, che si è posto così tante volte – "Cosa aspetta ad andarsene?" – quando vede Pietro alzarsi gli crea il sottovuoto nello stomaco. Allora lo anticipa.

«Ci vediamo giovedì» dice spingendo la porta. Varca l'uscita. Pietro ferma la porta prima che si richiuda, cammina dietro di lui.

Ha una pantera nera alle spalle che può saltargli addosso nell'oscurità quando vuole. Ian ordina a se stesso di proseguire senza voltarsi.

"Perché non cammina accanto a me? Perché non parla con me?"

Se iniziasse a correre, con molta probabilità se la caverebbe, sempre che Pietro non scoppi a ridere per poi raccontare a tutti che *la sirenetta* se l'è fatta sotto. Si sforza di mantenere un passo regolare, che non tradisca la paura crescente. Prende la discesa: una stradina che ricorda da sempre coi lavori in corso, con qualche luce alle finestre e senza mezzo lampione funzionante, la via più breve per casa sua. Non esiste un solo motivo per il quale debba svoltare anche Pietro, eppure lo fa. Ian a quel punto non ha più dubbi: la preda è lui.

L'oscurità si è fatta buio. I loro passi sono l'unico rumore sui pezzi di cemento rotti. Gli sembra di avvertire il calore del suo fiato sul collo. Ian accelera, Pietro accelera. Sono due parti dello stesso ingranaggio da cui uno non vuole e l'altro non può sganciarsi.

Si sente un cretino ad aver immaginato una svolta romantica. Pietro non aspettava altro che trovarsi da solo con lui per fargliela pagare. Il passo di Ian si fa più veloce, e finalmente la discesa si immette nello stradone, come un rigagnolo dopo la pioggia.

Torna a respirare – se Pietro non lo ha aggredito finora, non lo farà di certo nell'ultimo tratto, fra le luci dei lampioni e i fari delle automobili. Quando vede comparire il suo condominio, l'istinto perde qualunque freno: si mette a correre fino al portone, la chiave non entra, ha sbagliato il verso. Sta per riprovare quando lo vede riflesso nel vetro, fermo dietro di lui. Pietro non tradisce fretta né agitazione, come se avesse tutto il tempo del mondo per concludere quanto si è prefissato. Ian entra nel palazzo e prende la prima rampa salendo i gradini a due a due. Il portone sbatte insieme al suo cuore, che inizia a decelerare quando realizza che Pietro non è entrato.

Sua madre gli chiede com'è andato l'allenamento, la stessa domanda ogni volta. Risponde più o meno: «Tutto regolare. Oggi sono andato bene» perché sa che la sua performance è la sola cosa che le interessa.

«Tuo padre rientrerà tardi, ha problemi con la cassa».

"Che novità!" pensa.

Ian prende una fetta di pane, ne stacca metà con i denti e la manda giù. Poi l'altra metà, prima che sua madre possa mettere la cena in tavola. Suo padre parcheggerà l'automobile e troverà Pietro, sotto il portico, pronto a fargli del male. Poi scuote la testa, si alza, dice: «Non ho fame» e, mentre sua madre lo attacca e chiude con un insulto – anche se non riesce a cogliere le parole, Ian lo capisce dal tono – sale la scala di legno e va a stendersi in camera sua, fra il letto e il soffitto basso.

Non lo ha aggredito e non gli ha detto neanche una parola.

Allora tutta quella strada per cosa? Cosa voleva da lui?

Con la testa appoggiata al cuscino, Ian vede la fine della scena: il portone che sbatte, lui in salvo sulle scale, Pietro al di là del vetro, le sue labbra che si muovono a formare un ghigno...

«No!» esclama ad alta voce riaprendo gli occhi. «Non rideva di me. Era con me, ma non voleva farmi del male. No, non voleva farmi del male» si ripete sussurrando. La verità è che non lo può sapere perché non si è voltato a guardarlo.

Non è la prima volta che si sente così: confuso, terrorizzato ed elettrizzato. Si alza dal letto e prende dalla libreria la cassetta di metallo nero dentro cui ha messo in sicurezza la sua anima prima di decidere di fregarsene dei giudizi degli altri. Adesso è là, aperta, a disposizione, che urla a sua madre di aprirla e leggere il quaderno a quadretti al suo interno, il suo diario.

Lo riapre dopo tanto: una data ogni due o tre pagine, fino al racconto dell'ultima estate. Un nome si ripete: *Alessandro.*

25 agosto, prima di pranzo

Diario, oggi è successa una cosa strana.

Ho trascorso tutta la mattina con Alessandro, come sempre.

Abbiamo fatto il bagno, nuotato fino agli scogli.

Mi sono tagliato sotto a un piede per arrampicarmi, per stare a sentire lui che era salito senza problemi.

Comunque niente di che, solo che mi bruciava sulla sabbia bollente.

Poi mi ha detto se volevo fare un giro.

È qui che inizia la cosa strana.

L'ho pensato subito, perché quando sta per succedere qualcosa te ne accorgi.

Un giro con Alessandro... certo che ho detto di sì!

Anche se non me lo aveva mai chiesto.

Mi piace stare con lui, pure se è alle superiori già da un anno e io ci entrerò a settembre.

Mi fa ridere quando fa i versi per spaventare le persone sedute al bar.

Ci asciugavamo al sole camminando nella direzione che decideva lui.

Oggi aveva un costume a pantaloncino, stretto e nero.

Gli stava da dio.

È risalito per la stradina che porta ai bungalow.

I sassi mi entravano nei sandali e mi faceva male la ferita al piede.

Poi è entrato nella pineta.

Quello che è successo là, all'ombra degli alberi, lo so io soltanto e non te lo posso raccontare, perché nessun segreto è davvero al sicuro quando viene scritto.

Ian ricorda nei dettagli ciò che non aveva voluto scrivere. Come ricorda Alessandro seduto sul bagnasciuga, davanti alle deboli onde che gli arrivavano alle cosce, che prendeva un pugno di sabbia e la faceva scendere sul proprio corpo abbronzato. Un mucchietto di granelli si fermava sul costume e Ian non riusciva a staccare gli occhi da quel punto così magnetico. Ricorda di come in mare si ingegnasse ad avvicinarsi a lui. Voleva sentire la consistenza della sua pelle solleticargli i palmi delle mani, quando non era lo stesso Alessandro a cercare incastri: andava sott'acqua, poi risaliva con la testa fra le sue gambe e lo sollevava. Ian si reggeva alle sue spalle e con la mano sfiorava – qualche volta accarezzava – i suoi riccioli neri bagnati, e Alessandro pareva non farci caso.

Nella pineta erano rimasti in silenzio, al sicuro dall'euforia dei villeggianti a pochi metri da loro. Mentre si guardavano senza parlarsi, Ian aveva lasciato la sua mano in quella di Alessandro perché la guidasse.

Si alza dal letto e va alla finestra. Lo fa sempre quando cerca risposte, come se potesse trovarle sulle tegole del tetto oppure nelle luci delle case degli altri. I lampioni gettano sull'asfalto che ha percorso con Pietro un bagliore rassicurante, che trema ricordandogli la superficie dell'acqua in piscina.

Il tempo si comporta in modo così assurdo: certe volte si dilata come un elastico – la stradina, con Pietro sempre due passi indietro, non finiva mai – e certe altre corre e cambia tutto di botto, nel bene e nel male.

Con la mente raffreddata dai mesi passati, pensa che quella vacanza invece non ha cambiato niente di ciò che sarebbe comunque diventato. Se non fosse stato per Alessandro, avrebbe conosciuto meglio se stesso grazie a qualcun altro.

Si siede alla scrivania, prende una penna, si posiziona sulla prima pagina bianca e comincia a scrivere.

16 aprile, il pedinamento

Diario, poco fa...

6
PIETRO. XXL. COLPE SU COLPE. AVREBBE DOVUTO. LA CASA DELLE DUE DONNE

«Pietro, vieni subito!» Sua madre lo chiama da una delle sedie in salotto. Non è un caso che sia nascosta dietro la tenda della grande vetrata dove, dai balconi di fronte, non possono vederla.

Le scarpe sono appoggiate davanti a lei, che indossa la solita enorme camicia nera a fiori e i pantaloni elasticizzati blu scuro. Nell'armadio non trova più nulla della sua taglia, a eccezione di qualche felpa XXL che non le piace, perché appartiene all'uomo con cui si è rassegnata a vivere.

Esce di casa in rarissime occasioni, neanche più per la spesa. Si vergogna di farsi vedere in quelle condizioni. A un certo punto non è neanche più andata a lavorare, sebbene il motivo non fosse soltanto il cibo; fra vivere e non vivere aveva scelto di subire suo marito da sola, perché è così che si sentiva. Pietro lo sa e gli pesa sulla coscienza come un sacco riempito di piombo.

Dopo la scuola e gli allenamenti, o in serata, quando rientra più tardi del solito, la trova sulla poltrona della cucina, quasi sempre appisolata. A portata di mano ha una sedia con sopra cibo in quantità: salumi, pane, biscotti, oppure l'incarto con i rettangoli di pizza che si fa consegnare dalla signora della Megafetta, e la tivù sintonizzata su quel programma angosciante in cui raccontano la vita delle persone obese. Gli pare che sua madre stia diventando una di loro, in un processo che giudica ormai irreversibile.

Pietro si inginocchia davanti a lei, allarga con le mani la scarpa destra più che può e la accosta al suo piede gonfio; spinge e la infila mentre lei tira le labbra in un'espressione sofferente. Dopo aver fatto lo stesso con la sinistra, si rialza. La aiuta a rimettersi in piedi e a entrare nel giaccone nero con la zip che non si chiude. Era il suo di quando, a quindici anni, ha deciso di ammazzarsi di nuoto per perdere qualche chilo, e poi, in meno di due anni, è diventato il campione su cui tutti puntano per la finale.

«Hai preso le chiavi di casa?» gli domanda.

Pietro annuisce, mentre la sostiene lungo i gradini esterni della villetta. Il taxi li aspetta fuori dal cancello.

Se fosse da solo, a piedi impiegherebbe meno di dieci minuti ad arrivare. Sua madre, dopo qualche metro, comincia a respirare male e deve fermarsi. Perciò, se all'inizio la prendeva in giro pensando di farla ridere, o di scuoterla, adesso evita la scena e chiama il taxi.

«Ci fa scendere prima della chiesa» dice lei all'autista abbandonandosi sul sedile di dietro.

Quel *prima* ha due significati. Innanzitutto: alla giusta distanza affinché lei possa raggiungere la destinazione a piedi e, in secondo luogo, alla giusta distanza che non consenta a occhi indiscreti – li chiama così – di vederla scendere da un taxi e ridicolizzarla.

La chiesa inizia a riempirsi. Pietro si sente osservato e giudicato: i fedeli riuniti staranno pensando a come si è ridotta sua madre, bisbigliando quanta pena faccia. Lei atterra su uno dei banchi laterali riservati al coro, e si mette all'opera: i minuti prima dell'inizio della messa sono i più appropriati per il chiacchiericcio, che sarebbe proseguito a fasi alterne fino ai saluti finali di don Franco.

Sua madre ha ottenuto che Pietro possa sedersi al suo fianco pure se non fa parte del coro. Ha raccontato al prete che è caduta, si è fatta male alla caviglia e ha bisogno di suo figlio per alzarsi e sedersi quando la messa lo richiede.

L'argomento del momento sono le due donne che starebbero facendo cambiare sesso a quel ragazzino nuovo in città.

«Li ha visti mio figlio in piscina, la figlia di quelle due – poverina – e il ragazzino... pure lui già confuso! Diglielo tu, Pietro!»

Pietro si sporge oltre la massa montagnosa di sua madre per poter annuire alla signora Graziella, tanto sottile che pare un abito appena stirato e adagiato sullo schienale del banco. Intanto la signora Clara, dalla fila davanti, intona il primo canto in programma trascinando le altre.

Sua madre, con un tono di voce troppo alto rispetto a quanto avrebbe voluto, aggiunge: «Da quando frequenta la casa di quelle due, va in giro truccato e vestito da femmina... Ti rendi conto?».

Tonina lascia partire un colpo di tosse e Pietro nota Clara

che le dà una gomitata accennata; non capisce se per rimproverarla per il rimbombo o perché si sono intese in qualcosa. Graziella, in risposta a sua madre, appoggia la mano destra sul proprio petto.

«Dobbiamo fare di più!» esclama poi, in quello che a Pietro pare il sibilo di un serpente.

Al momento dell'eucarestia, lungo il tragitto verso don Franco, sua madre accentua l'andatura incerta e affaticata. Una donna, in ginocchio in prima fila, le appoggia una mano consolatoria sulla spalla. Tornati al banco, manda giù l'ostia che ha tenuto in bocca, si fa il segno della croce e riprende a cantare.

Sono passati quattro anni dalla notte in cui Pietro continua a darsi colpe su colpe. Non ha mai neanche pensato di raccontare il proprio passato a qualcuno che possa magari prendersi parte della sua rabbia. Anzi, guai a chi anche solo si avvicina a casa sua.

Era un bambinone di seconda media, così simile ai tanti che poi ha iniziato a tormentare. Aveva fatto e continuava a fare la cosa sbagliata, e cioè fare finta di non vedere sua madre sprofondare.

Si era addormentato da un paio d'ore quando il portoncino sbattuto lo aveva svegliato come un violento tuono. Forse avevano pure tremato le pareti; la porta della sua stanza sicuramente. Le urla di suo padre avevano fatto irruzione in casa, attraversato il salotto, erano passate lungo il corridoio e arrivate in cucina, dove c'era sua madre.

Pietro aveva appoggiato l'orecchio sul legno della porta della sua camera.

«Non lo sai che è ora di cena?! Allora cucina!»

Ora di cena... l'orologio segnava l'una di notte passata. Suo padre ci aveva dato dentro col vino.

«Tu hai mangiato, no?!» aveva continuato, tirando un pugno sul tavolo che aveva fatto chiudere gli occhi a Pietro.

Dai rumori riusciva a immaginare tutti i movimenti di sua madre: la ceramica del piatto, il vetro del bicchiere, il metallo della forchetta e del coltello che si scontravano, mentre lei li posizionava sul tovagliolo con le mani che tremavano; il frigorifero aperto, poi richiuso e poi di nuovo aperto alla ricerca di una soluzione; la padella sul gas, il ticchettio e l'accensione della fiamma. Suo padre aveva continuato a insultarla perché, senza neanche sapere se sarebbe tornato a dormire, e a che ora, lei non gli aveva fatto trovare la cena. La sedia si era spostata – suo padre si era alzato – poi il tappo di sughero tolto alla bottiglia, il bicchiere che si riempieva, come tutti i bicchieri che aveva svuotato durante il giorno in chissà quale bar.

«Neanche un pezzo di carne sai fare!»

Ai suoni e ai rumori si era aggiunto il pianto di sua madre e poi l'impatto di uno schiaffo, prima che Pietro, anzi il suo istinto, spingesse la porta e si ritrovasse a un passo dalla cucina. A far cosa?

Suo padre e sua madre lo avevano visto e tutto era sembrato fermarsi. Le espressioni sui loro volti erano così diverse: suo padre dominato dal furore, sua madre dal dolore e dalla vergogna.

E poi un altro schiaffo, stavolta davanti a lui.

«Se non ci fossi io a lavorare per te e per tuo figlio» aveva urlato proprio "tuo figlio" «finireste a fare la fame in qualche mensa dei poveracci. Dovreste baciarmi i piedi, voi due!»

Pietro era rimasto davanti alla peggiore versione di suo padre ad aspettare che accadesse qualcosa di atteso.

«Cos'hai da guardare?» Si era alzato dalla sedia con fare minaccioso, ma subito aveva dovuto appoggiarsi al tavolo. Non stava in piedi.

Sua madre si era avvicinata a Pietro, si era sforzata di sorridere in un tentativo che gli era parso pietoso. Gli aveva messo un braccio intorno alle spalle e lo aveva accompagnato di nuovo in camera sua.

«Non ti preoccupare» gli aveva sussurrato quattro o cinque volte in quei pochi metri fino al letto.

Pietro rimpiange ancora quello che era accaduto, anzi *non* era accaduto allora e nei giorni successivi. Avrebbe voluto dire a suo padre di smetterla, di non avvicinarsi a sua madre, trovare un modo per difenderla, insomma.

Il giorno dopo avrebbe dovuto convincerla a chiedere aiuto; se non lo avesse fatto, avrebbe dovuto farlo lui, chiamare qualcuno, i carabinieri, per esempio. Avrebbe dovuto fare questo e quello, si ripeteva.

Il taxi, come d'accordo, li sta aspettando lungo la stradina dietro la chiesa.

Appena arrivati a casa, sua madre apparecchierà il tavolo per Pietro e la sedia imbandita per sé, con cibo a volontà assemblato a casaccio. Poi si abbandonerà sulla poltrona, e da lì non farà altro che mangiare finché non perderà i sensi.

Assecondare le giornate di sua madre e le sue volontà, pure quelle che trova inconcepibili, dà a Pietro la sensazione di proteggerla. In cambio ha la sua vita lontano da casa, in acqua, da dominatore.

Chissà se prima della notte si farà vedere l'uomo che non gli è padre – lo aveva definito "tuo figlio" – a cui Pietro non dice mai cosa pensa di lui e di nessun altro argomento.

Mentre il taxi accosta al cancello, Pietro guarda fuori dal finestrino. In quella direzione, oltre la siepe e qualche palazzina, c'è la casa dove abitano le due donne con la figlia. E lui conosce la strada.

7
CHLOE. IL CICLAMINO. BRAVE PERSONE. UNA BUONA DOMANDA. STO ARRIVANDO

La vibrazione del telefono fa tremare l'aria nella stanza di Chloe.

«Ma che ore sono?» borbotta dal letto stendendo il braccio verso il comodino.

Scansa i capelli dalla faccia. Sono tutti messaggi di Gea.

Mi sto preparando per la verifica di mate.

Tu dormi ancora?

Cioè, sta facendo gli esercizi di matematica a quell'ora – ma che ora è poi – e di domenica mattina?! Sul display legge le 11:05. In effetti non è... presto.

Ci sono. Come procede?

Chloe invia la risposta e si gira dall'altra parte. Preme la faccia sul cuscino per trattenere il più possibile l'oscurità che rimane. Il tentativo fallisce in partenza: le persiane lasciano entrare la luce del giorno inoltrato e il telefono vibra di nuovo.

Con mate non procede, ma io sono quasi pronta...

Non capisce: pronta a cosa?

Sul display la scritta *Gea sta scrivendo...* e poi compare

un'immagine anticipata dalla descrizione: *ECCOMI! Che ne pensi se mi presento così alla verifica del Cioffi?*

La foto è un primo piano del viso di Gea ed è... pazzesca! I capelli sono lucidi, forse bagnati, di quella sfumatura viola che le piace così tanto; a tenerli immobili è un fermaglio ricoperto di perle bianche. I suoi occhi sono finestre di cielo fra nuvole blu petrolio, delineati da una riga di matita nera. Ha uno sguardo magnetico, che non sa di avere anche lei. Quelli sono riflessi, oppure nel rossetto ci sono finiti granelli di stelle?

Chloe le risponde: *Spaccheresti di brutto.*

La voce di sua madre la chiama. Chloe la raggiunge in salotto col tipico passo degli zombie. La stanza è inondata di luce. Si ferma a far visita al ciclamino, sul piano della cucina. Sembra in grande forma: sono spuntati tre nuovi boccioli, da cui si intravedono i fiori rosa che si apriranno forse domani.

«Questa è proprio la posizione giusta» dice Debora asciugandosi le mani col panno.

«Sì, davanti alla finestra sembra felice. Gli farò qualche foto».

È un regalo di Tiziana; non un vero regalo – non era un'occasione particolare, un compleanno, una data da ricordare. Una sera di due settimane prima era tornata col ciclamino fra le mani avvolto in una carta rosa confetto.

Chloe si volta e nota la tavola apparecchiata a festa. È così strano pensare al pranzo appena svegli, e ancora più strano dal momento che non c'è granché da festeggiare.

E allora perché Debora ha messo tanta cura nella preparazione della tavola, della stanza e della sua leggendaria parmigiana di melanzane?

«Saremo noi tre insieme» dice Debora.

Chloe accarezza la morbida tovaglia grigia di cotone, le fa venire in mente la superficie del mare schiarita dalla luna, su cui galleggiano i piatti di porcellana, quelli del servizio buono che non utilizzano mai – non ricorda neanche in quale credenza lo abbia visto – come barchette sospinte dalle posate luccicanti. Pensa che è tanto che non rivedono il mare. A volte dimentica persino di viverci a pochi chilometri.

Da quando Tiziana ha iniziato a lavorare come inviata per il tiggì, la vede più in tivù che in casa. È brava. A Chloe non interessa quasi nessuna delle storie che racconta, però le piace comunque ascoltarla. Le sembra un modo per recuperare in parte le chiacchierate a due e a tre che quel lavoro le ha portato via. Poi i giorni persi sono diventati tanti e l'idea le fa sempre più male, e Chloe ha premuto il pulsante di *off* sul telecomando.

A cosa servono oggi quelle posate d'argento?

Debora e Tiziana avevano scelto il suo quinto compleanno per sposarsi. Chloe conservava nella memoria immagini confuse e ricostruite, scene tagliate che aveva ricollocato negli anni. Più cresceva e conosceva le sue mamme, più scopriva pezzi della sua storia, quando erano in vena di farsi sollevare dai ricordi e parlarne con lei. Quasi mai ultimamente.

Sui tavoli all'aperto del ristorante le posate erano abbondanti e lucenti, lanciavano piccoli flash quando venivano colpite da un raggio di luce, e di sole quel giorno ce n'era tanto. Non c'è da fidarsi neanche del sole, questa è la verità.

Il venticello fresco giocava con lei sollevandole di continuo la gonnellina vaporosa in tulle e chiffon adornata da grandi fiocchi colorati. Era la damigella, una principessa in miniatura con una coroncina di margherite. All'ingresso delle spose nella Sala Rossa del municipio, aveva l'incarico di lanciare i petali di rose e di portare le fedi, custodite all'interno di una scatola di velluto a forma di cuore.

Al matrimonio c'erano solo i genitori di Debora. Chloe sapeva di avere ancora quattro nonni, ma di due non aveva nessun ricordo, perché Tiziana non le parlava mai di loro. Aveva rotto i rapporti con i suoi genitori quando sua madre aveva aperto la porta della sua stanza, lei aveva provato a raccontarle quello che da mesi provava per una sua compagna d'università, e all'improvviso non aveva più una casa. Anche quando avevano provato a riavvicinarsi, per Tiziana era cambiato tutto in modo irrimediabile, come il suo carattere. Le volte in cui Chloe aveva chiesto di loro, le aveva risposto che i nonni stavano bene, e che in fondo era meglio se le cose erano andate in quel modo perché i suoi genitori non si erano comportati da brave persone.

Chloe si dispiaceva al sentire quelle parole – se un padre, una madre e una figlia litigano, pure se litigano a morte, smettono di essere brave persone? E non si può pensare di ricostruire almeno qualcosa? – ma il tono gentile e pacato di Tiziana l'aveva convinta: forse è davvero meglio restare lontana da coloro che si comportano come se non ti volessero bene, pure se sono i tuoi genitori.

Aveva trascorso la giornata con le sue mamme e con i due nonni presenti. Mentre loro erano impegnate a ballare, a tagliare la torta o a fare qualche discorso di ringraziamento, si era fermata di tavolo in tavolo a seminare grandi sorrisi. Si era sentita già – non sapeva ancora dire il perché – una bambina speciale, non nel senso di dotata di particolari qualità, ma *eccezionale, non ordinaria*. I sorrisi eccessivi degli invitati, i toni estremizzati da una specie di gioia, avevano alimentato questa sua percezione di essere una piccola star, finché non aveva sentito quelle parole.

«Eccola, la figlia di nessuno!» aveva esclamato una donna, senza smantellare il sorriso e il tono dolce con cui si rivolgeva a lei, così piccola. Avevano sorriso anche le persone che erano con lei. Aveva sorriso pure Chloe e ringraziato, mentre per la prima volta avvertiva sulla pelle la differenza di temperatura con l'esterno della bolla che proteggeva la sua famiglia.

Aveva cancellato i volti e le voci presenti a quel tavolo. Si era trattato di un meccanismo di autodifesa, o forse di un vero disinteresse perché talvolta le parole contano più di chi le pronuncia. Le persone le puoi allontanare, le parole restano incollate, e quelle si erano aggrappate ai suoi capelli dorati e avevano trovato un riparo sicuro dove rimbombare negli anni.

«Al pranzo del vostro matrimonio mi hanno chiamata "la figlia di nessuno"» dice Chloe allineando meglio il coltello alla forchetta, nel posto a tavola dove si sarebbe seduta Debora, che per poco non fa cadere a terra l'insalatiera.

«Chi si è permesso?»

«Non me lo ricordo, una signora. Ma avevo cinque anni, chissenefrega!»

«Tu lo sai, vero, che non è...»

«Mamma, ho detto chissenefrega!»

«Ok. Tu lo sai, vero, che ti voglio bene?»

Sa che Debora le vuole bene, sa anche altre cose, per esempio che le vuole bene anche Tiziana. Sa tutto quello che le sue mamme vorrebbero che sapesse. Ma, mentre va a vestirsi, comincia a temere che i *ti voglio bene* di Debora, sparati come proiettili contro le delusioni, stavolta non basteranno.

Sente l'automobile di Tiziana nel vialetto, corre ad aprire la porta. Sua madre è elegantissima, non per il pranzo, ma per un importante servizio televisivo registrato qualche ora prima. Le dà un bacio sulla guancia, getta la giacca e la borsa sul divano come al solito. Chloe sorride per il gesto familiare.

Tiziana raggiunge Debora che sta controllando la cottura della parmigiana. Chloe non perde un particolare, un movimento. Tiziana si ferma a un passo di troppo da Debora; Tiziana non dà un bacio a Debora; Tiziana le appoggia una mano sul braccio, le dice: «Addirittura la parmigiana!» e Debora annuisce: è rassegnata e fiduciosa insieme.

Chloe continua a registrare i particolari del pranzo in un video che non potrà riguardare, ma che nessuno, pur volendolo, riuscirebbe a cancellare dalla sua memoria.

Tiziana le chiede della scuola, dei compiti, di Gea. Debora serve il pranzo, domanda a Tiziana com'è andata al lavoro. Tiziana risponde: «Benissimo, era un servizio sulle famiglie, andrà in onda domani sera. Penso che farà molto discutere».

«Che famiglie?» interviene Chloe.

«Tutte le famiglie. Ho intervistato alcuni genitori di bambini e bambine che hanno situazioni molto diverse».

«Hai intervistato anche mamma?»

Cosa vuole sapere da Tiziana? Non lo sa neanche lei.

«No, cosa avresti chiesto a Debora se non fosse la tua mamma?»

Chloe non sa rispondere, non le interessa quella domanda; sa al contrario cosa chiederebbe a Debora da figlia, che è la stessa cosa che chiederebbe a Tiziana e forse pure a se stessa.

«Le chiederei se è felice».

«È una buona domanda» risponde Tiziana.

Debora non dice nulla, con la forchetta tormenta nel piatto la sua porzione ridotta – dice sempre che mentre cucina assaggia tutto, e che quindi, quando si siede a tavola, per metà ha già mangiato. Passano all'insalata di finocchi e arance, poi i mandarini, una fetta di torta gelato al cioccolato, la sua preferita – Chloe bissa – senza consentire ai discorsi di uscire dai binari collaudati.

«Devo tornare al lavoro a montare il servizio» dice Tiziana bevendo il caffè.

Chloe si sente sollevata. Il pranzo è andato bene, o almeno sembra. Stranamente non ci sono stati litigi; a quelli dell'ultimo periodo è stato difficile trovare un capo e una coda. Eppure, nonostante la tavola che Tiziana non ha commentato, neanche stavolta scatta foto.

Recupera il telefono fra le lenzuola e, mentre Debora avvia la lavastoviglie e continua a sistemare, legge il bombardamento di messaggi di Gea.

Non ce la posso fare. 12:04

Non mi torna neanche un'equazione. 12:05

Non ci capisco niente. 12:05

Mi sta facendo male la testa con tutte queste lettere. 12:09

La matematica è mostruosa come lui che la insegna. 12:09

Ci sei? 12:18

No, non ci sei. 12:21

Solo tu mi puoi salvare. 12:23

Com'è da te? 12:38

Novità? 12:38

Poi niente per due ore e: *Sto arrivando.*

8
IAN. INDIFFERENZA. OGGI TOCCA A TE. ESCLUSIONI SIMILI. ALIAS

Ian capisce suo padre – così si usa dire anche quando non è vero – che è come se vivesse a un indirizzo diverso, cioè quello della banca in cui lavora, e che, se glielo chiedessero, saprebbe senz'altro elencare i piatti preferiti dei colleghi, il nome delle mogli, ma a malapena sa quanti anni ha suo figlio, che classe frequenta – come prima risposta direbbe la terza media e soltanto poi fingerebbe di ricordare che è alle superiori – le poche materie in cui riesce bene a scuola, ma sua madre... Come cavolo fa sua madre a non rendersi conto che a lui piacciono i maschi?

Ian al suo passaggio lascia nelle stanze della casa segnali evidenti come cartelli luminosi; suo padre li urta e li scansa per arrivare prima al lavoro, sua madre si preoccupa soltanto dei risultati sportivi. Lui continua a vincere gare, e allora cosa importa se in acqua, bracciata dopo bracciata, rimane da solo?

Questa... distrazione? indifferenza? far finta che? gli manda in tilt il cervello.

Manca solo che si metta a urlare col megafono, in salotto.

I suoi genitori anche in quella circostanza, con molta probabilità, gli chiederebbero di spostarsi per seguire il tiggì della sera. Comunque non lo aveva mai fatto, e neanche aveva sussurrato nell'orecchio: «Mamma, papà, io sono gay». Dopo il buco nero del bacio a bordo vasca, Ian era convinto di aver ottenuto almeno la prima vittoria sul fronte famiglia.

"Chissà cos'avranno pensato i miei" si era domandato mentre raggiungeva lo spogliatoio col sapore del sangue in bocca. Chissà se a vedere la finale li aveva accompagnati qualcuno che potesse godere delle loro espressioni, mentre lui saltava addosso a un compagno di squadra e poi veniva scaraventato di faccia sul pavimento. Si era augurato che lo shock fosse stato equivalente a quello di un incidente frontale a moderata velocità che, se non ti uccide, ti cambia di certo il modo di vedere le cose. Neanche il tempo di abituarsi all'idea, che aveva ricevuto il messaggio di sua madre:

Siamo andati a casa, così sei libero di festeggiare con la squadra.

Complimenti!

Non poteva crederci. Complimenti... per cosa? Non si erano accorti che non era più con gli altri da un pezzo e che la sua festa non era mai iniziata? Tutta l'indifferenza del mondo in tre righe. Assurdo!

Aveva trascinato il borsone della piscina fino alla fermata dell'autobus. Era salito sul solito 20 ed era andato a sedersi in fondo. Contava le persone con la testa appoggiata al finestrino che gli raffreddava la guancia, ed era un vero sollievo. Guardava una scena ripetitiva e sempre più appannata. Come colonna sonora l'accelerare e il rallentare del motore, e il brusio di chi andava e tornava, mentre lui restava contro il vetro. Il dolore fisico si univa al vuoto che sentiva espandersi nello stomaco.

Quando era rientrato, le volpi dormivano serene: il campioncino di casa stava festeggiando. Aveva acceso la luce del bagno e alzato lo sguardo. Nello specchio aveva visto un viso bello, nonostante l'ematoma blu-viola. Si era complimentato, come se avesse avuto di fronte un amico fedele per il quale aveva tifato a lungo. Non aveva smesso di guardare i suoi occhi scuri, circondati da una nuvola di lentiggini, le labbra strette in un sorriso soddisfatto.

Aveva perso su tutti i fronti, eppure si sentiva orgoglioso di aver individuato la sua voce interiore in mezzo a tutte quelle di coloro che, a più alto volume, da sempre, prendevano decisioni per lui. Per la prima volta aveva pensato a se stesso come a un giovane uomo.

Il giorno dopo sua madre avrebbe osservato la sua faccia gonfia con l'espressione stupita di quando scopriva le cose all'ultimo, e si sarebbe persino arrabbiata. Non dispiaciuta, arrabbiata. Perché Ian aveva dimostrato *per l'ennesima volta* – usava sempre quell'espressione per descrivere tutti gli aspetti in cui suo figlio continuava a toppare – di non capire l'importanza di avere cura di sé. *Era un atleta che sarebbe potuto arrivare...*

«Bla-bla-bla... Non la ascoltare!» si era incoraggiato allo specchio. Poi aveva improvvisato un'occhiata sensuale con la testa semi-inclinata, aveva proteso pure le labbra verso il suo riflesso. «Lo sai che non sei per niente male?»

Gli era scappato da ridere e aveva stretto i denti dal dolore.

«Se solo se ne accorgessero anche gli altri!» aveva sussurrato uscendo dal bagno, con nel taschino un'arma in più: una parte di sé che aveva scoperto e appena cominciato a conoscere.

I pomeriggi in cui sua madre è a casa sono per Ian una tortura che non augurerebbe nemmeno a un nemico, nemmeno a Pietro – qualcuno provi a chiedergli se vede Pietro come un nemico.

Si parcheggia nella sua stanza e gli fa il terzo grado sugli argomenti che interessano a lei: nuoto, scuola, nuoto, nuoto. A un certo punto smette di risponderle, ma non di subirla; quello purtroppo è scientificamente impossibile. La voce di sua madre è come un antifurto martellante che ha l'effetto di trascinarlo a fondo e tenerlo bloccato lì, a guardare la superficie due metri sopra di lui, in apnea.

Il weekend perciò, tranne nei giorni di gara, è un vero incubo da cui, quando può, Ian scappa. Si volatilizza urlando sulla porta che va a studiare a casa di qualcuno – come no! – perché sa che con lei funziona. Sua madre è convinta che *uno come lui* abbia bisogno del triplo del tempo per capirci qualcosa ed è così gentile da ripeterglielo di continuo.

Così fa pure quella domenica. Sale sul 20 a guardare non

sa bene cosa dal finestrino e non sa bene chi all'interno, con l'intenzione di restarci fino all'ora di cena, al sicuro in quella piccola realtà parallela in movimento.

L'autobus rallenta prima di una fermata qualunque, e la scena si fa in bianco e nero e in *slow motion*. Fra le persone che salgono, Gea è l'unico personaggio a colori. La individua subito: l'occhio è dotato di un incontrollabile istinto e sta guardando lei in tuta nera e zaino calato, con un trucco teatrale blu che la fa sembrare più grande della sua età. Nonostante i posti liberi, lei rimane in piedi accanto al guidatore. L'autobus riparte. Gea digita in qualche chat sul telefono.

L'ultima volta l'ha scacciata come una mosca ostinata; lei non si meritava quelle parole. Sarebbe giusto avvicinarsi e dirglielo, spiegare che l'aiuto di qualcuno in quella circostanza lo avrebbe fatto passare come un debole davanti a Pietro e ai suoi compagni, figuriamoci l'intervento di una femmina, o mezza femmina, come la vedevano tutti.

"Dal fondo del bus, sembra davvero una ragazza" pensa Ian e poi scuote la testa.

Vorrebbe andare da lei, ma una forza pesante e contraria lo spinge verso il basso impedendogli di alzarsi. In parte c'entra l'imbarazzo – Gea glielo crea e non può farci niente – e poi quanto può durare un viaggio in autobus per chi deve aspettare poche fermate? Senz'altro troppo poco per qualunque chiacchierata diversa da un *ciao come va?*

Gea non scende alla fermata successiva e non alza gli occhi dal telefono. Chissà se sta andando a casa sua, e dove abita. Da lì sembra che stia sorridendo mentre scrive, poi con la mano si controlla i capelli.

Un uomo in jeans e giacca di pelle nera si alza e cammina verso la prima porta. Strano, perché di solito non si scende da davanti, soprattutto quando l'autobus è mezzo vuoto. Avanza fissandola. Dall'equilibrio instabile che mantiene a fatica non sembra molto lucido. Le dice qualcosa. Ian ha l'impressione che abbia toni aggressivi. Lei lo guarda col telefono in mano e l'espressione ferma di un volto di cera. Non sembra sorpresa, come se conoscesse la scena.

«Devi scendere, hai capito?» la incalza lui. Ora è troppo vicino.

«No» risponde Gea senza abbassare lo sguardo e alzare la voce.

L'autobus raggiunge la fermata successiva, le porte si aprono. Succede tutto fuori dal controllo di chiunque.

«Quelli come te non li vogliamo!» urla l'uomo.

Ian si alza – troppo tardi, troppo tardi! – attraversa di corsa gli sguardi dei pochi, ognuno incollato sul proprio sedile, spettatori più che cittadini.

L'uomo spinge fuori Gea, che appoggia male il piede sul gradino e cade sull'asfalto. Le persone alla fermata la aggirano senza preoccuparsi per lei e salgono sul mezzo. Il guidatore schiaccia il pulsante, le porte si richiudono e il bus riparte, anch'esso in religioso silenzio.

«Ti sei fatta male?»

Ian è accucciato al suo fianco, le tiene la mano sulla spalla. Gli ricorda un gatto che dorme con le zampe sugli occhi per coprire la luce. Poi esce dal guscio e gli sorride, come non aveva fatto lui a parti invertite. Ha la tuta strappata sul ginocchio; la aiuta a rialzarsi.

«Che volo!» esclama lei con un tono ironico e dissonante – non c'entra proprio niente con quello che le è appena capitato – mentre sfrega i palmi delle mani fra loro per far cadere polvere e pietrisco.

Ian raccoglie da terra il cellulare di Gea. Il display è una ragnatela. Glielo restituisce.

«È andato pure lui! Alé!»

Lei mantiene quel tono festante; è evidente che sta facendo uno sforzo enorme.

«Per fortuna non mi serve il navigatore per andare a casa di Chloe».

«La tua amica della piscina?»

Gea annuisce. I loro occhi comunicano, agganciati con uno scatto. Lui le sta chiedendo scusa per quel pomeriggio. Lei lo sta ringraziando per esserle accanto. Poi si sganciano.

«Oggi tocca a te salvarmi!» esclama Gea, con un sorriso enorme, che poi comincia a tremare.

E trema tutto: la terra sotto i piedi, l'aria intorno. A Ian sembra che tremi pure la pensilina in plexiglass della fermata. Gea tuffa la faccia nel suo giaccone, piange a singhiozzi. Riemerge, col cielo sul volto e il mare negli occhi bagnati.

«Perché mi buttano fuori da un autobus? Perché mi chiamano ancora con un nome che non è più il mio? Mi schifano, mi evitano, mi ridono dietro, vorrebbero schiacciarmi come un ragno che fa più schifo che paura. Perché?»

Lo chiede a lui, che sta vivendo esclusioni simili.

«Il trucco si sta sciogliendo...»

Si sente pessimo, non riesce mai a dire le parole giuste.

«Scusa» risponde Gea, provando a tirar via con le mani qualche macchia di azzurro che si allarga sulla giacca bianca di Ian.

«Vuoi sederti?»

Gea annuisce. Sulla panca della fermata ci sono soltanto loro.

«Non hai paura?» continua lui.

«Paura di cosa?»

«Ad andare in giro così».

«Questa sono io».

Ian rimane in silenzio. Forse la sta giudicando, non voleva. Se ne vergogna.

«Oggi non è servito a niente mettersi accanto al guidatore. La paura ce l'ho, ma non si vede».

«La copri col trucco?»

«Può essere. Volevo sentirmi troppo una donna... Sto pensando di andare a scuola così uno dei prossimi giorni».

Ian sorride. Quanto sono simili!

«C'entrava l'energumeno quel giorno che sanguinavi nello spogliatoio?»

«Pietro... eccome se c'entrava!»

«Dai, voglio sapere!»

«Gli ho dato un bacio davanti a tutti, ed è finita com'è finita».

Gea sorride e Ian ne è felice.

«Ma tu non hai un Alias a scuola?»

«Un... che?!»

«Alias, un nome diverso, che hai scelto tu».

«Mi ci chiama solo una prof».

«Se ti crei un Alias, non possono non chiamarti così. Nella mia scuola c'è un ragazzo come te, cioè, al contrario, era una ragazza, ma si sente...»

«Si sente così perché *è* un ragazzo!»

«Ok, chiaro! A scuola tutti devono chiamarlo così. Pure i prof quando fanno l'appello».

«Wow, e come si fa?»

«Dipende dalla dirigente – mi sa che non è obbligata ad accettarlo – e poi ci vuole il consenso dei tuoi genitori».

Ian capisce che l'ultima risposta non le è piaciuta, ma non sa che per lei la brutta notizia è doppia. Un po' maltrattati dalla vita, rimangono ad aspettare il prossimo autobus, che prenderanno insieme.

9

GEA. DIVENTARE FORTE. RIVOLUZIONE. IL BAMBINO CON LA "O". PICCHI ALTISSIMI

Gea aveva cercato fin da piccola la libertà negli abissi e la fortuna nelle stelle. Era come se fosse nata nella grotta sottomarina di un antico mito e risalisse soltanto per ammirare il cielo irripetibile dell'isola.

Da quando si è trasferita in città con suo padre, nel piccolo appartamento al terzo piano, si sente una creatura tenuta in gabbia. Le manca tutto, come il cibo, come l'acqua, come le forze del corpo e degli eventi. Ha a che fare con qualcosa di fisico oltre che con l'isola.

Ogni tanto ci pensa: se solo riuscisse a diventare forte come una colonna portante, allora forse potrebbe persino tornare indietro per affrontare ciò che ha lasciato sull'altra costa. Follia! Deve essere sua madre ad attraversare quel mare.

Oltre le crepe del vetro del telefono, legge i risultati della sua ricerca: la definiscono Carriera Alias. Dà diritto alla propria identità, quella sentita, scelta, a scuola, dove lei vive la perenne sensazione di non risultare conforme alle aspettative di nessuno. Con la Carriera Alias potrebbe riconoscersi persino nelle parole degli altri.

"Il mio nome sul registro elettronico... Wow!" pensa. "Può accadere davvero alla mia vita?"

Con buona certezza direbbe di no.

Se i genitori non approveranno non se ne farà niente – genitori vuol dire tutti e due – e neanche se la dirigente deciderà di non attivarla. Insomma, due pesanti certezze *vs* una speranza già spenta, cioè un ko annunciato.

"Incredibile che l'ultima parola debba uscire sempre dalla bocca di qualcun altro, pure quando si tratta di quello che siamo" pensa continuando a scorrere le notizie col dito.

Dall'articolo capisce come mai non ne abbia mai sentito parlare prima che Ian gliela buttasse lì, quasi per caso, o forse per destino. Sono pochissime le scuole che la prevedono nel loro regolamento. Ne risulta una sola in città, quella di Ian – non la sua, quindi – e nessuna sull'isola.

«Tutto bene a scuola?»

La voce di suo padre arriva dalla cucina e per fortuna intralcia l'avanzare della malinconia per la scoperta appena fatta. Da quando la loro famiglia si è dimezzata, lui ha dovuto imparare a preparare pranzi e cene perlomeno commestibili, che vadano oltre il leggendario riso al burro e parmigiano, di cui continuava a vantarsi neanche fosse stato citato su qualche prestigiosa guida di ricette. Non se la caverebbe male, se solo non fosse così distratto. Gli potrebbe essere sufficiente ben poco per provocare una strage. Tipo la settimana scorsa, quando una nebbia fitta aveva stordito Gea al suo rientro in casa. Tossiva e cercava di tenere gli occhi aperti mentre procedeva facendosi aria con le mani. Sul piano cottura un oggetto carbonizzato, ormai indistinguibile, soffiava fumo da un beccuccio come un vulcano in miniatura.

Gea aveva spento il gas, gettato quel blocco incandescente sotto l'acqua del lavandino, spalancato la finestra del salotto e quella della cucina e poi era corsa a bussare alla stanza di suo padre, convinta che non stesse bene. E invece era al computer e aveva – ops – dimenticato il caffè per ore. Sua madre lo avrebbe ucciso. Ma sua madre aveva deciso di non esserci più.

«Tutto bene, papà!»

In fondo lui non le ha mai chiesto come vanno le cose sugli autobus, o per strada, dove sempre più spesso si ritrova circondata: le danno spintoni, le chiedono se le piace fare questo e quello, come se l'identità di genere c'entrasse qualcosa col sesso. Lei poi ha una paura pazzesca di quel momento – il suo corpo sarebbe piaciuto agli altri?

Distesa sul letto legge regolamenti scolastici e pure storie di ragazze come lei. Conoscere le loro vite è come rivivere tutta la sofferenza che credeva di aver addomesticato, ma è anche un gran sollievo. Per anni si era convinta di essere l'unica creatura sbagliata sulla faccia della Terra, attribuendosi una colpa che non aveva.

Sott'acqua non si respira, è tempo di mettere la testa fuori. Si alza dal letto e va da suo padre. Deve guidare una rivoluzione e ha bisogno d'aiuto.

Le risate di suo padre e di suo fratello arrivavano fino al piano di sopra mescolate ai suoni della tivù. Sua madre era dalla nonna; le stava raccontando di come le cose si fossero sistemate, di come fossero riusciti, tutti quanti, ad aggiustare Marco e rimetterlo sul giusto binario.

Dalle scale Gea percepiva un'atmosfera allegra, mancata così a lungo in casa da sembrarle nuova. Era merito della messinscena che stava interpretando. Aveva accettato le richieste dei suoi genitori, anche se significavano rinunciare a una parte di sé così grande da risultare il tutto. E li aveva convinti. Era diventata il bambino con la "o", che fa cose da maschi insieme a suo fratello, che sta lontano dai trucchi, dall'armadio della mamma, che non gioca più a niente, che non ride mai. Era un grillo a cui avevano legato le zampe: non saltava più, faceva passi piccoli e incerti, talvolta zoppicava, e non era quel tipo di problema fisico per il quale basta una radiografia per accertarsi che vada tutto bene.

L'afa di un'estate infernale aveva occupato tutto lo spazio a disposizione. Lungo le scale, ammaccata e sfinita dal caldo, Gea procedeva: prima di fare il passo successivo portava il piede sinistro sullo stesso gradino del destro. Suo fratello era sulla poltrona, nudo, come pure suo padre, sul divano. Guardavano la tivù. Giulio si era alzato e aveva preso una lattina dal frigorifero.

«Oggi serata fra uomini!» aveva esclamato suo fratello quando l'aveva vista.

Quella complicità fra un padre e un figlio, due maschi nudi che non provavano alcuna vergogna – perché avrebbero dovuto? – rappresentava per lei una linea di confine e non un invito: fra gli uomini non c'era spazio per Gea. Sentiva il sudore mescolarsi alla rabbia.

«Copriti!» aveva gridato verso suo fratello. Aveva i denti serrati, i muscoli tesi sotto la canottiera bianca, le gambette rigide che sbucavano da un paio di pantaloncini rossi, i pugni chiusi.

Era scattato un allarme imprevisto. Suo padre e suo fratello si erano alzati insieme. Gea prendeva aria dalla bocca.

«Già mi fa schifo il mio, non voglio vedere anche il vostro!» aveva sbottato.

Giulio si era fermato, come se avesse bisogno di metterla a fuoco.

«E tu curati perché non sei normale» aveva detto, e poi era salito per le scale. Lei era rimasta con suo padre a guardare la devastazione lasciata dalla tromba d'aria che aveva attraversato il salotto e abbattuto il suo castello di carte. Non si può vivere a lungo in una costruzione che sta in piedi per equilibri fragili fondati sulla finzione.

Ora che erano loro due soli – un padre, una figlia – dovevano guardare in faccia la realtà. E la realtà non piaceva a nessuno.

«Parleremo con mamma».

«Parlaci tu, papà, ti prego! Io non voglio esserci».

Lo aveva fatto qualche ora dopo, mentre le diomedee piangevano per la sua sofferenza, volando nella notte senza luna, prima di tornare ai loro nidi all'interno delle cavità della scogliera.

Il giorno dopo, a colazione, Gea aveva mandato giù il suo

bicchierone di latte e orzo, qualche biscotto ed era uscita per andare a scuola a piedi, da sola. Lei e sua madre non si erano neanche salutate. Al ritorno, era stata sua madre a parlare per prima.

Non le aveva chiesto come stava, come era andata con la maestra, con i compagni – non facevano mai quel tipo di chiacchiere.

«Marco, domani pomeriggio, dopo la scuola, andremo dalla dottoressa Galeano».

Lei era rimasta in silenzio. Era così urgente che sua madre l'aveva chiamata quella mattina stessa.

«Ti può aiutare a capire meglio cosa sta succedendo dentro di te».

"Forse per affrontarlo con più serenità e coraggio insieme alla mia famiglia" aveva pensato Gea. "Forse papà è riuscito davvero a farla ragionare, a farle capire che il problema non sono io".

Invece sua madre aveva tutt'altre intenzioni e la dottoressa Galeano si diceva disponibile ed esperta. In cosa?

Gea lo avrebbe provato sulla propria pelle e fin dal loro primo incontro.

Suo padre rimane ad ascoltarla senza interromperla. Non ne sa niente nemmeno lui della Carriera Alias. Non fa nessuna obiezione, anzi, dapprima è incuriosito e poi sempre più motivato, finché le dice che deve capire come, ma ci proveranno insieme. Non discutono, però, delle difficoltà che dovranno superare. Conoscono entrambi l'identità di coloro che incontreranno sulla strada. Gea scaccia il pensiero per non dover vedere sua madre come una nemica.

«Devo andare subito da Chloe a dirle tutto dell'Alias!»

Si lancia verso la scarpiera, tira fuori le sneakers bianche.

«A quest'ora? Puoi scriverle un messaggio» le risponde suo padre seguendola nei suoi frenetici spostamenti in casa. «E poi la vedi domani a scuola...»

Lei spalanca gli occhi celesti.

«Dai, Gea, è tardi!»

La fa impazzire di gioia quando la chiama Gea.

«Ti prego, papà!»

Lo stesso *ti prego* di allora, ma privo di sfumature di dolore. Gea è dotata di una proprietà cicatrizzante che agisce sulle ferite ben prima che lei lo decida. Può arrivare un tempo nuovo anche per un genitore che ha sbagliato tutto.

«Ok, ma scrivimi un messaggio appena sei da lei».

Non sa quanto durerà la felicità che la fa correre per strada, nell'ombra della sera; un'esplosione che può esaurirsi in pochi istanti, ma – ha appena scoperto – capace di raggiungere picchi altissimi.

10
PIETRO. LO SCHERZETTO. IL PEGGIORE. VOLTA NON PERVENUTA. LA BUGIA

Prima di uscire e andare a fare quello che deve fare, Pietro chiede ancora una volta a sua madre se ha bisogno di qualcosa.

«No, niente. Non metterci troppo» risponde lei dalla poltrona. «Vediamo se stavolta lo capiscono che se ne devono andare dal nostro quartiere».

È un lavoro veloce, pensa. Non immagina quanto gli costerà stavolta quell'andare e tornare.

Anche se è passato un po' dall'ultimo scherzetto, deve fare molta attenzione. La volta in cui la figlia lo ha beccato a ribaltare la spazzatura nel suo giardino se l'è vista brutta. In piscina poi – ne è sicuro – ha confessato con lo sguardo, e ha la sensazione che lei abbia capito. Spera di sbagliarsi.

Non erano stati sufficienti i messaggi nella cassetta delle lettere e nemmeno il volantino a convincere le due madri a cambiare zona, o meglio città. Raffigurava due donne che fanno la spesa, con nel carrello una bambina con un codice a barre stampato sulla fronte. C'era qualcosa in quell'immagine che lo disturbava. Le signore del coro ne andavano molto orgogliose; ci erano volute tre messe per accordarsi su tutte le modifiche e arrivare alla versione definitiva, che Pietro aveva dovuto attaccare al portoncino e a tutte le finestre di casa loro.

Serve un'azione più convincente.

Scavalca la ringhiera, oltrepassa il piccolo giardino davanti all'ingresso e vede subito le due automobili parcheggiate l'una accanto all'altra. Bene, significa che è rientrata anche la giornalista.

Non è preoccupato dell'allarme che hanno fatto installare – non ha nessuna intenzione di entrare in casa né di forzare la porta. Teme per la vetrata che dà sul cortile. La luce della stanza la attraversa formando, sul cemento fuori, una scia che Pietro dovrà attraversare per raggiungere le automobili.

Con la mano stringe il cacciavite nella tasca della giacca. Il contatto col metallo freddo lo carica. Sono tutte e tre sedute al tavolo, la figlia in mezzo alle due donne. Sbuca dall'ombra e si avvicina al vetro per guardare meglio la scena. Gli danno le spalle.

La ragazzina scuote la testa e spinge via il quaderno che cade dal tavolo. La giornalista rimane ferma, mentre l'altra lo raccoglie e lo rimette davanti a lei, che lo rifiuta ancora. Sembra che la stiano forzando a fare i compiti. Lei si alza e si volta per andarsene. Pietro fa appena – forse – in tempo a uscire dal cono di luce. Rimane fermo con la schiena appoggiata al muro gelido e il cuore che ha deciso di sfondare la sua gabbia toracica.

"E se mi avesse visto?"

Meglio aspettare per capire, piuttosto che scappare e rischiare.

Dentro casa tornano le voci. Le vede di nuovo sedute. La giornalista indica la pagina; l'altra fa delle facce buffe, sembra prendersi gioco di lei. La figlia scoppia a ridere, poi dice qualcosa e le madri fanno una specie di ola da stadio con le mani. Forse ha azzeccato la risposta. La giornalista le porge il cinque. Sul viso della figlia si alternano sorrisi più lievi ad altri a squarciagola.

Là dentro sta succedendo qualcosa di tanto splendido quanto invece è dilaniante il ricordo che Pietro non aveva previsto, e che si ritrova davanti come una gomitata in pieno viso: la proiezione di una scena felice, che non ha fatto mai parte della sua vita.

Non ci sono più le due donne e la figlia, e non è più nemmeno quello l'interno, ma la sua stanza.

Avverte tutte le sue convinzioni scivolargli lungo le braccia e le gambe in un rivolo diretto alla grata di scolo del cortile.

A volte un evento si collega a un altro e poi a un altro ancora con rapporti di causa-effetto senza senso. La causa, quel giorno, era stata una nota disciplinare della professoressa di inglese. Pietro continuava a risponderle in italiano. La professoressa si era tolta gli occhiali e aveva battuto i pugni sulla cattedra, poi gli aveva intimato di non prenderla in giro: nella sua ora dovevano parlare in inglese.

Non ricorda neanche che faccia avesse. Tutti gli altri

insegnanti delle medie, i suoi compagni di scuola, i suoi amici del quartiere avevano fatto parte di un progetto di pulizia totale dell'hard-disk. Dopo l'esame di terza, Pietro non aveva più voluto vedere nessuno. Si era domandato poi se per cancellare dalla memoria le pessime sensazioni provate dentro casa in certi anni – cosa niente affatto riuscita, peraltro – davvero non si potesse fare a meno di radere al suolo tutti i minuti e le persone che ne avevano fatto parte.

«Non la sto prendendo in giro, prof!» aveva esclamato e poi si era girato verso il suo vicino che si era buttato sul banco liberando una risata esagerata, a cui si era unita mezza classe.

Mentre la professoressa scriveva la nota, Pietro rideva con meno convinzione. Non perché gli dispiacesse, quanto piuttosto perché sapeva che i suoi genitori l'avrebbero letta. O forse no. Figurarsi se, in quelle condizioni, suo padre avrebbe fatto caso a una nota sul registro. Se solo sua madre si fosse fatta i cavoli suoi.

«Tu non sei un uomo!» era riuscita a dirgli mentre lui la spingeva contro il frigorifero. Con lei era caduta a terra pure la foto di lui da piccolo, con il cagnolino che suo padre, un giorno, aveva fatto sparire. «Non te ne frega niente di tuo figlio, che a scuola sta crollando...»

"Non dirglielo, mamma!" aveva pensato da dietro la porta della sua stanza.

«Oggi ha preso una nota in inglese ed è tutta colpa tua!»

Pietro non aveva sentito più niente, solo i passi che si avvicinavano e poi la voce: «Colpa mia, eh?!» mentre suo padre quasi sfondava la porta. «Che storia è questa?»

Cosa voleva che gli rispondesse? Aveva fatto il buffone con la prof per un minuto di risate. Suo padre si era sfilato la cintura dai pantaloni.

«Prendi la roba d'inglese!»

La voce bassa e roca, gli occhi semichiusi, la cintura stretta nella mano purtroppo li ricorda bene. Processo di rimozione totale non riuscito. Riprovare più tardi.

«Recupererò!»

Suo padre aveva alzato il braccio. Per proteggersi dal colpo, Pietro aveva spalancato i palmi delle mani senza smettere di implorarlo. Era inutile, lo sapeva, visto che non era una novità. Aveva sentito il metallo della fibbia fra il collo e la schiena, e si era lasciato andare sul pavimento in cerca di una protezione dietro la sedia, sotto il tavolo.

«Alzati e apri il libro d'inglese!» aveva continuato l'uomo che istante dopo istante diventava sempre meno suo padre, prima di dargli un calcio a cui ne erano seguiti altri. Il rumore della suola che lo colpiva sulle gambe e sui fianchi si distingueva fra i mugolii inutili e le preghiere in cui gli avevano insegnato a credere.

Quando suo padre era uscito dalla stanza, lui era un altro Pietro, con una striscia violacea sulla schiena e una convinzione nuova: sarebbe diventato forse il peggiore, ma nessuno più lo avrebbe anche solo sfiorato.

Il piano prevede di infilare il cacciavite in tutte le gomme delle due automobili, un colpo secco per ognuna. Pietro accarezza il manico nella tasca, poi lo molla e tira la mano fuori. Si volta e ripercorre la strada al contrario: il giardino, la ringhiera… lasciandosi la casa sempre più indietro.

Quand'è stata l'ultima volta che ha riso coi suoi genitori? Non pervenuta.

Quand'è stata l'ultima volta che ha fatto i compiti con loro? Non pervenuta.

Quand'è stata l'ultima volta che si è sentito a casa? Non pervenuta.

«Ehi, abbiamo l'energumeno in persona!»

Si ritrova davanti il maschietto truccato che in accappatoio aveva pensato di intimorirlo.

«Abiti da queste parti?» continua.

I capelli si mescolano all'oscurità, gli occhi chiari la contrastano. La sua voce gli provoca un senso di attrazione e repulsione insieme. Non può rischiare che la figlia delle due lo colleghi agli scherzetti, perciò deve disinnescarlo subito, e il modo più efficace è anche quello a lui più congeniale: mostrare disprezzo.

«Stammi lontano, mezza femmina» gli dice, e riprende a camminare.

«E tu lascia in pace Ian, hai capito?»

Pietro prosegue senza rispondere altro né voltarsi più, con un sorriso amaro sul viso.

"Si sono proprio trovati, quei due" pensa. "Lasciar stare Ian? Così presto?"

Ritrova sua madre dove e come l'ha lasciata. L'uomo che lui non chiama più suo padre dorme sul divano.

A fermarlo non era stata sua madre e neppure lui, con

qualche gesto eroico presente o passato – bambino che sale agli onori della cronaca per aver combattuto e sconfitto un padre violento, macché! – e nemmeno qualche vicino, qualcuno con gli occhi e il cuore aperto che aveva chiamato la polizia. Era stato suo padre stesso, ma non era un merito. Era stato il tempo: una goccia d'acqua al giorno aveva spento quella terribile fiamma lasciando i segni e una nebbiosa sensazione di infelicità quotidiana.

«Fatto?»

Pietro resta qualche istante di troppo in silenzio.

«Fatto?!» ripete sua madre con tono insistente, voltandosi a guardarlo dalla poltrona.

«Sì, mamma, fatto tutto».

«Passami il telefono. Scrivo al gruppo».

Arriva il momento in cui ognuno inizia a smontare le verità suggerite, imposte, per costruirsi la propria. Pietro ha dato il via al processo con quella bugia a sua madre.

II
CHLOE. TERRA BRUCIATA. LA FESTA FANTASMA. UNA PEZZA. È ANCORA NOTTE

Chloe non è abituata a sentirsi amica – come potrebbe, senza esserlo mai stata? – e il passaggio in prima superiore non sembra aver cambiato niente.

Vedere Gea in casa sua le trasmette la sensazione di un privilegio immeritato. La osserva muoversi a proprio agio nella stanza come un gatto che passeggia sul pavimento e poi salta sulla sua sedia preferita e inizia a leccarsi.

Prima di conoscerla, Chloe credeva di essere la persona più sola del pianeta. Continuava ad andare alle feste degli altri, invitata dai loro genitori più che dai compagni. Sapeva che avrebbe ritrovato le stesse persone che a scuola la ignoravano, o peggio, quando volevano divertirsi, le chiedevano quale fra Tiziana e Debora fosse la madre e quale il padre. Scoppiavano a ridere a dieci centimetri dalla sua faccia e lei sentiva il loro alito, gli schizzi di saliva sulle guance.

La sua era una sorta di ostinazione congenita, mescolata all'insistenza di Debora e Tiziana che la convincevano a mettersi in gioco ancora e ancora. Peccato che il gioco fosse lei, e di compleanno in compleanno cambiassero solo le case e i divani su cui aspettare che tutto finisse il prima possibile, con qualche canzonetta pop nelle orecchie e le voci festanti di chi sceglieva altri con cui parlare.

Quando Chloe aveva capito che il suo destino era quello di avere terra bruciata attorno, non solo non era andata più a nessuna festa, ma aveva smesso anche di festeggiare i propri compleanni, a partire dall'ultimo tentativo: un completo fallimento.

Tiziana e Debora avevano allestito due lunghe tavolate in garage con pizzette, rustici, patatine, sandwich con gli ombrellini, bibite colorate, palloncini attaccati alle plafoniere sul soffitto, che mescolavano la loro luce calda a quella discendente della sera, che entrava dalla serranda spalancata.

Tiziana era andata a ritirare la torta gelato per trenta persone con scritto: *Sorridi... CLICK!* in caratteri di cioccolato, e l'aveva messa nel congelatore. Ad accogliere gli ospiti, un enorme palloncino argentato col numero 11 attaccato al cancello.

Chloe si era lasciata convincere da Debora a indossare una gonnellina corta e un top su cui cadevano i capelli biondi – lunghissimi in quel periodo – con una ciocca blu fatta la mattina stessa. Forse quello sarebbe stato il giorno giusto per piacere a qualcuno.

Aveva scritto *ore 18:00* sugli inviti, e aveva aggiunto l'indirizzo di casa sua. A inizio settimana aveva fatto il giro dei banchi per consegnarli, poi era tornata a sedersi al suo posto da dove sentiva i compagni ridacchiare.

Debora aveva alzato il volume della musica. Tiziana aveva scattato qualche foto, poi ne aveva postata una su Instagram con scritto: *Tutto pronto! È qui la festa?* in cui si vedevano le tavolate ricche, la luce, i palloncini, Chloe che sorrideva. Debora aveva preso Chloe per le mani e avevano cominciato a ballare. Inciampava, trascinata dall'irruenza di sua madre, e rideva, mentre Tiziana continuava a scattare. Quando si erano fermate a riprendere fiato erano le 18:22.

«Dove sono tutti?»

«A quest'ora c'è traffico» aveva risposto Debora.

Chloe riconosceva la tensione fra le pieghe del viso di Tiziana e pure le scuse di Debora. Dalle occhiate preoccupate che si lanciavano era evidente che nessuna delle due sapeva come interrompere l'attesa per dire le cose come stavano.

Erano trascorsi altri venti minuti di goffi tentativi, in particolare di Debora, di coprire con una coperta il primo vero tsunami di Chloe, che si era lasciata scivolare con la schiena lungo la gamba del tavolo fino al pavimento, mentre lacrime grosse come bombe d'acqua precipitavano lungo le guance.

«Ehi, cucciola» aveva detto Debora sedendosi accanto a lei. «Mi dispiace».

Aveva provato poi a spiegarle che quello che stava succedendo riguardava loro due – le sue due madri – più che lei e i suoi compagni. Era a causa loro, quindi, se la sala delle feste era tornata a essere il triste garage in cui non le restava che piangere, circondata da cibarie che nessuno voleva? Cosa aveva fatto lei per meritare quel rifiuto?

«E se festeggiassimo solo noi tre?»

Chloe scuoteva la testa senza smettere di piangere.

"Ma che domande fai?!" aveva pensato, mentre Debora continuava a spingerla a ritrovare il buonumore non si sa dove né perché.

«Deb, basta» aveva detto Tiziana stringendole il braccio.

«Sì, basta!» aveva esclamato Chloe e si era rimessa in piedi. «È tutta colpa vostra!» aveva gridato.

Aveva spinto un intero vassoio di panini a terra. Qualche ombrellino di carta si era staccato ed era rotolato sul pavimento. Era corsa verso la porta interna. Avrebbe voluto da loro una parola capace di cambiare tutto, e invece erano rimaste là, con quell'espressione penosa sulla faccia. Era andata a chiudersi in camera sua.

«Ehi, possiamo entrare?» la voce di Tiziana le aveva fatto riaprire gli occhi. Aveva dormito un paio d'ore, mentre le sue mamme disinstallavano la festa fantasma e chiudevano la serranda del garage.

Si sentiva meglio. Dovevano esser state le lacrime a trascinare via la rabbia, pure mentre dormiva, visto che aveva gli occhi ancora bagnati. Le aveva osservate con la coperta fino al naso.

«Non insistiamo, perché la tristezza se ne andrà presto. Ma c'è qualcosa che vorremmo dirti, anzi ribadirti».

Chloe aveva una gran voglia di ascoltarle, anche se continuava a rimanere sulla difensiva, all'interno del carro armato di piumoni.

«La tua storia te l'abbiamo raccontata tante volte, intendo

la scelta di diventare mamme e di come siamo arrivate fino in fondo, dove ci aspettavi tu».

Tiziana stava facendo uno sforzo enorme: fra le due non era certo lei quella delle confidenze e dei sentimentalismi.

«Ciò che non ti abbiamo raccontato, anche se siamo certe che tu lo sappia bene, è quanto era grande il desiderio di averti con noi, e quanto è immenso l'amore che proviamo per te».

«Tu non me l'hai mai detto, mamma Deb sì» aveva bofonchiato Chloe con la voce attutita.

A loro era scappata una risata.

«Ridete... Ecco quello che fate voi!»

«Chloe, ora ascoltami bene» aveva ripreso Tiziana. «Avere un figlio non è lo stesso percorso per tutte le famiglie. Intendiamoci, quando arriva un bambino è sempre straordinario, ma alcuni desiderano diventare genitori, altri no...»

«Sì, ma se una è incinta, ormai...»

«Si può interrompere la gravidanza entro il terzo mese».

«Povero!»

«È una decisione difficile, come lo è portarla a termine per poi darlo in adozione».

«Magari trova una madre e un padre che volevano tanto un bambino, visto che decidono di adottarlo. No?»

«Proprio così. Adottare un bambino è una decisione molto importante, diversa, ma simile a quella che abbiamo preso io e Debora con te, perché è una strada così lunga e piena di difficoltà, e pure di delusioni, che se non lo desideri tantissimo non ce la fai».

«Perché non mi avete adottata?»

Tiziana e Debora avevano trattenuto un'altra risata.

«Innanzitutto perché non c'eri, sei nata dalla pancia di Deb, quindi anche volendo non sarebbe stato possibile. E poi perché nel nostro Paese possono accedere all'adozione soltanto le coppie formate da un uomo e da una donna sposati».

«Che scemenza! Quindi dovrebbero togliere i bambini a tutti i genitori che si separano?»

Non avevano risposto e Chloe aveva proseguito: «Ma cosa c'entra tutto questo col fatto che i miei compagni di classe sembrano essere stati sterminati?».

«Quello che Tiziana sta cercando di dirti col suo tono da giornalista professionista è che tu, Chloe, sei il frutto del nostro più grande desiderio d'amore. Nel tuo petto batte metà cuore di Tiziana e metà mio. Noi tre siamo collegate, devi ricordarlo sempre, Chloe. Tu sei una bambina desiderata a tal punto che le tue mamme non si sono fermate davanti a niente. Riprenderai a festeggiare con amici nuovi, vedrai».

Chloe la ascoltava in silenzio.

«E devi ricordare le nostre parole. Questo pensiero non ti deve mai far sentire disprezzata».

Aveva sentito i suoi occhi inumidirsi. Le sue mamme avevano messo una pezza all'emorragia. L'amore riesce a tamponare, ma può non essere abbastanza. Lo avrebbe capito a sue spese, in una notte non così lontana, in cui, come allora, non sarebbe stata sola.

«Il mio nome sul registro, capito?!» Gea fa una piroetta intorno alla sedia, sembra incontenibile. «Sulle verifiche, sulle pagelle...» continua, simulando il portamento e le evoluzioni di una ballerina. «Sulla bocca di Cioffi... sulla bocca di tutti!» esclama, e si lancia sul letto di Chloe in un degno salto finale.

Chloe pensa che sarebbe bello fotografarla, come fa ogni volta che ha davanti la felicità. Se solo fosse realizzabile... Gea sta sognando a occhi aperti e lei per ora non intende svegliarla. Finché all'Istituto Tecnico Commerciale Giuseppe Mazzini ci sarà la Mastranga, la Carriera Alias non entrerà né dall'ingresso principale né da nessuna delle finestre.

«Rimani a dormire da me?»

Non c'è un motivo dietro quella richiesta, anzi, ce ne sono mille, ma dall'espressione che si allarga sul volto di Gea, che riprende aria mentre la guarda, Chloe capisce che dev'esserci almeno un enorme dubbio nella sua testa, in grado di disintegrare tutti quei mille mattoncini.

Le sue mamme sarebbero bravissime oppure devastanti – dipende dai punti di vista – a convincere Gea a restare, ma a Chloe non viene in mente una sola parola per rassicurarla.

«Hai qualcosa che posso mettere per dormire?»

«Eccome!» esclama Chloe correndo ad aprire un cassetto da cui tira fuori un pigiamone colorato.

«Io col pigiama con le fragole, le mele e gli ananas?»

«Mmm!» annuisce Chloe.

«Ok!» fa Gea e Chloe sta già urlando di gioia. «Ma giura che non lo dici a nessuno! La mia re-pu-ta-zio-ne andrebbe a rotoli!»

Quando torna dal bagno, ha i capelli legati in un codino e la faccia ripulita dal trucco; gli occhi sono gli stessi. Che celeste!

«Eccomi qua! Ho scritto un messaggio a mio padre altrimenti gli prende un infarto».

Nel letto guardano entrambe il soffitto, mentre parlano ancora dell'Alias, della Testa che è sempre troppo avanti e del Cioffi – il giorno in cui riporterà le verifiche sarà un vero dramma.

Quando Chloe apre gli occhi è ancora notte. Sente piangere in casa. È Debora. Scende dal letto stando attenta a non svegliare la sua amica. Apre la porta della stanza, fa un passo nel corridoio e rimane in piedi, ferma ad ascoltare.

«Non possiamo andare avanti così, Deb. Non è giusto neanche per Chloe».

Il tono di Tiziana è consolatorio. Debora continua a piangere.

«Dammi un paio di settimane per trovare una casa».

Chloe corre a letto, si infila sotto le coperte, si gira verso Gea e la abbraccia da dietro, con la testa appoggiata sulla sua schiena, le mani sul suo petto. Mentre le lacrime inzuppano la frutta mista del pigiama di Gea, lei, senza dire nulla né voltarsi, intreccia le dita a quelle di Chloe e la stringe ancor di più a sé.

12
IAN. OCCHI CHE BRUCIANO. CASSIOPEA. TANTO CRUDELE. LA MANO DI PIETRO

Alle 3:28 Ian abbandona il cellulare sul cuscino e si alza dal letto. Ha bisogno di sgranchirsi – sta in quella posizione da ore – e di lasciar riposare gli occhi in fiamme.

Trova sollievo guardando fuori dalla finestra la parte della notte che lui non vive mai e che volentieri avrebbe trascorso a dormire, se non avesse fatto quella scoperta che lo riguarda e lo rovinerà. Il cielo è un telo nero puntinato d'argento. Una visione sorprendente per quella zona della città, in cui le luci delle case, delle automobili, dei lampioni sono sempre troppe.

Col dito traccia una linea immaginaria su Cassiopea. Ricorda di quando Alessandro gli aveva detto che ce l'aveva stampata sulla faccia. Erano al bar del villaggio turistico in costume e ciabatte. La grossa tivù appesa alla colonna accanto al bancone trasmetteva una partita dei mondiali. La gente beveva birre ghiacciate ai tavolini di plastica, i ragazzini succhiavano ghiaccioli e caramelle frizzanti. Alessandro lo aveva portato in bagno e con una penna nera aveva unito le lentiggini sulle sue guance fino a formare la grande W di

Cassiopea. Ian lo aveva lasciato fare come fa ancora oggi con chi tiene in ostaggio le sue emozioni.

I suoi genitori non avevano dato peso allo scarabocchio sulla faccia. Ian se l'era goduto allo specchio per lunghi piacevoli minuti e poi l'aveva riprodotto sul suo diario.

Tornerebbe indietro a rivivere, seppur solo nei ricordi, giorni o scene a caso del suo passato, pur di non trovarsi nella notte del *qui e ora* che lo sconcerta.

Come possono avergli fatto una cosa tanto crudele?

Non si era accorto di niente. Gli ultimi allenamenti erano andati bene, lui in vasca faceva un buon tempo. Il coach ripeteva loro che non erano messi così male, e questo suonava piuttosto rassicurante. Si era convinto che la data della finale in avvicinamento fosse un faro così accecante da distrarre Pietro dall'idea di perseguitarlo.

Avrebbe dovuto immaginare che la passeggiata thriller fino a casa sua non era la conclusione, ma solo uno dei tanti pezzi di cui si componeva la vendetta di Pietro.

Aveva visto per la prima volta quella scritta sulla porta degli spogliatoi, dalla parte interna: *yagnai@*. Non ci aveva dato troppo peso – scrivevano di continuo cose senza senso su quelle porte.

Alla fine dell'allenamento successivo la scritta era in tutti i bagni della piscina.

Nessuno dei suoi compagni aveva saputo dargli una spiegazione. Qualcuno gli aveva detto che non ne aveva la minima idea, qualcun altro aveva tagliato corto ipotizzando fosse una delle solite cretinate, ma tutti – e questo sì che aveva colpito Ian – apparivano divertiti.

A scuola aveva ritrovato *yagnai@* sul suo banco scritto con il pennarello nero indelebile, prima di rendersi conto che era su tutti e venticinque i banchi dell'aula. Sara, davanti a lui, inviava la foto su WhatsApp. All'intervallo, la stessa scritta era su tutte le porte dei bagni dei maschi del piano; senza farsi notare Ian era entrato in quelli delle femmine ed era anche là, sempre sulle porte, come se fosse un invito a entrare. Ma dove?

Ne parlavano tutti. Scoprire il significato della scritta era la *challenge* a cui nessuno sembrava disposto a rinunciare.

Mentre Ian raggiungeva la macchinetta degli snack, tre ragazzi dell'altra prima ridacchiavano lungo il corridoio. Uno di loro stava puntando il telefono nella sua direzione. Ian si era avvicinato con fare risoluto, convinto che la sfida fosse 1 a 1; non immaginava – come poteva? – di dover affrontare, da solo, un esercito spietato.

«Perché mi fotografi?»

Il tipo, piuttosto carino, con quel ciuffo biondo che gli cadeva morbido sul viso, senza rispondergli si era voltato verso gli altri due.

«Dice che lo fotografo, ma chi pensa di essere?!» e aveva dato una spinta complice all'amico accanto.

«Dammi il telefono e vediamo se è vero!»

«Ehi, non lo sai che il telefono è un bene personale?»

Aveva l'aria supponente dei colpevoli, mentre Ian continuava a non capire cosa stesse succedendo a tutti.

«Ok che hai più di trecento follower sul canale, ma mica sei una star di Hollywood!» aveva esclamato il biondino prima di allontanarsi con gli altri, mentre uno di loro gli diceva: «Questa la devi assolutamente postare!».

Canale? Follower? Ma di cosa stavano parlando?

Adesso Ian lo sa. Torna sul letto, riprende il cellulare fra le mani, il display si illumina. È tutto davanti ai suoi occhi in cui si riaccendono le fiamme.

Sull'app di Telegram i nomi dei canali sono preceduti da una chiocciola. È sufficiente partire da lì – *@iangay* – per capire e affondare in un nero mare di disumanità. Hanno creato un canale per umiliarlo e lo stanno diffondendo come e quanto più possono.

391 persone iscritte, 392, 393. Continuano ad aumentare pure a quell'ora della notte.

Ian scorre fotografie che lo ritraggono alle quali sono state aggiunte frasi da brivido sui suoi desideri sessuali.

Dopo l'agguato al nuotatore, salterebbe addosso anche a un cane? scritto sotto alla foto che qualcuno gli ha scattato in piscina al momento del bacio. Con un programma di grafica hanno sostituito Pietro con un alano nero. A seguire, decine di versioni della stessa foto in cui si chiedono se Ian salterebbe addosso a una serie di animali, ma anche a qualche insegnante, all'usciere, a un ragazzo con gli occhiali che non conosce, ma che gli pare un'ottima preda per quella gente.

Dopo l'agguato al nuotatore, salterebbe addosso anche a sua madre?

Hanno ritagliato una foto di sua madre scattata dopo un colloquio con gli insegnanti, e ci hanno appiccicato sopra Ian in costume. Sotto, un'impressionante quantità di *like*, cuori, *smile* che si sbellicano dalle risate.

Non si vedono nomi, né facce, soltanto numeri di telefono di colori diversi.

Poi un commento: *Chissà che pensa quando vede gli altri sotto la doccia...*

Ian strappa un foglio a quadretti dal quaderno di matematica, recupera dalla rubrica del telefono i numeri dei suoi compagni di nuoto e li scrive uno dopo l'altro. È convinto che ne troverà parecchi fra quelli, a partire da Pietro. Invece gli autori di quei messaggi denigratori e violenti non corrispondono a nessuno dei numeri sul foglio.

Mentre controlla gli ultimi, sul canale compare un nuovo commento, buio come la notte di Ian. Dice: *Al posto suo mi suiciderei.*

Le prime sono lacrime di sollievo, che bagnano gli occhi bollenti, le successive sono lacrime che fanno perdere la coscienza e lo trascinano verso la disperazione e il sogno.

Con Alessandro, Ian aveva scoperto il piacere. Tornato in città, il desiderio lo aveva sorpreso durante le giornate: mentre guardava la tivù in casa, in autobus, a scuola seduto al banco. Sentiva la tensione salire sotto il pantaloncino, si accarezzava fra le gambe. Non avrebbe mai dimenticato la sensazione di toccare un corpo maschile. Non lo preoccupava più, non lo impauriva più. Lo eccitava.

I primi giorni di allenamento della nuova stagione il coach voleva più ritmo in vasca. Arrivato alla fine della serie a rana, a Ian aveva urlato senza mezzi termini che poteva andare a fare la doccia, che in squadra non serviva uno come lui.

Ian rispetta il suo allenatore più dei professori. Ha sempre pensato che i prof dovessero diventare una specie di allenatori per i loro studenti. Direbbe che la differenza ha a che fare con lo stare dalla loro parte. Avrebbe capito poi, e ancor meglio con la vittoria pazzesca alle finali – sì, proprio quella vittoria – che il coach lo aveva cacciato dalla vasca per vederlo rientrare cambiato.

Ian era saltato fuori e aveva raggiunto gli spogliatoi senza vedere che tutti i suoi compagni guardavano nella sua direzione. Pietro lo aveva trovato a piangere seduto sulla panca.

Ian lo aveva guardato con occhi diversi – anche di questo era responsabile l'ultima estate – ma da lì a dire che un giorno avrebbe osato tanto con lui, davanti a tutti, ce ne passava. Se lo aveva fatto, era perché Pietro lo aveva voluto proprio in quel pomeriggio in cui lui andava a rilento. Era come se gli avesse detto: «Fallo!», non con le parole, ma con le mani.

«Le lacrime sono da femminuccia» gli aveva detto entrando in uno dei bagni. Si era abbassato il costume senza chiudere la porta. Ian aveva sentito l'urina cadere nell'acqua del water. Aveva provato un enorme senso di vergogna, lui che mirava la ceramica bianca a porte chiuse per evitare che si sentisse, che si sedeva per non bagnare. Pietro si era tirato su il costume e si era avvicinato.

«Non è niente di che» aveva detto Ian in cerca, forse, di consolazione.

Pietro gli aveva messo una mano sulla gamba, Ian l'aveva fissata immobile e muto come una scultura. La mano di Pietro aveva cominciato a salire, poi era scesa sulla parte interna della coscia ancora bagnata di acqua e cloro. Ian avrebbe potuto assecondarlo, come aveva fatto con Alessandro, invece aveva alzato lo sguardo incrociando il suo.

«Mi sa che a te non piace fare queste cose» aveva detto Pietro. Si era voltato ed era tornato in vasca a continuare l'allenamento, lasciandolo sulla panca a desiderare un *rewind* per cambiare tutto.

Non è ancora l'alba. Ian si sveglia sentendo sotto di sé la sagoma del telefono. Lo sblocca. Sul canale ci sono 433 iscritti. Chiude Telegram, apre WhatsApp.

Ti devo parlare, sta succedendo una cosa da incubo. Sono solo contro il mondo.

Invia. Aspetta qualche secondo. Gea non visualizza. Starà ancora dormendo, ovvio.

Vieni in piscina nel pomeriggio. Per favore.

Quando le aveva chiesto di scambiarsi i numeri, dopo che quell'idiota l'aveva scagliata fuori dal bus, Ian non credeva che sarebbe stato lui il primo fra i due ad aver bisogno di aiuto.

13
GEA. TIRO A SEGNO. VINCITRICE TOTALE. I MOSTRI. UN FRATELLO E UNA SORELLA

Durante l'intervallo la preside Mastranga si muove all'aperto con fare allegro, scherza addirittura con qualche studente. Il suo reale obiettivo è quello di memorizzare i visi di coloro che perdono ogni giorno minuti di lezione preziosi per starsene al bar. Gliela farà pagare agli scrutini. Gea si tiene alla larga dal suo raggio d'azione. Sa che dovrà affrontarla, ma non ora. Se vuole vincere un Alias al tiro a segno di quella giostra, dovrà centrare al primo colpo il barattolo con la sua faccia.

«Guardala! Sembra un velociraptor!»

«Più una iena ridens» ribatte Chloe, e spalanca la bocca in un'imitazione della preside che le fa scoppiare a ridere.

Quanto è felice ogni volta che la sua amica riesce a scrollarsi di dosso la pesante coperta di malinconia sotto cui hanno dormito insieme, mentre le sue madri decidevano a voce alta di vivere in due case diverse!

Debora stamattina le ha salutate con un buongiorno come un altro, e loro hanno fatto lo stesso.

Appena fuori casa, Chloe è crollata: ha detto a Gea che

erano successe delle cose, ma che non doveva preoccuparsi perché se l'aspettava, che stava bene, prima di piangere tante di quelle lacrime che si sono dovute fermare qualche minuto sul ciglio della strada per ritrovare il giusto ritmo del respiro.

E poi Gea ha letto i messaggi di Ian.

"Chissà che gli è successo" pensa controllando ancora una volta il cellulare.

Lui ha visualizzato il suo *Ok, ci vediamo in piscina. Tutto bene?* – le due spunte sono blu – e non ha risposto.

"Forse non può dire, o non vuole dirmi nulla, se non di persona"; se lo spiega così mentre, dal corridoio, riconosce in aula i pantaloni bianchi e neri del Cioffi.

«È già dentro, non ci credo!» esclama Chloe.

Molto strano per uno che ama l'ingresso col botto condito da qualche battuta. Le chiama così, e anche se non lo dice, è evidente che ne va molto fiero: sui capelli dell'una o sul peso forma dell'altra studentessa del giorno.

«Dipende da che forma! I solidi geometrici sono tanti» e in aula, specialmente in fondo, ridono in parecchi.

"Un mucchio di imbecilli" pensa Gea.

«Bene, bene… Riconsegna delle verifiche corrette!» esordisce, raccogliendo con la lingua un rivolo di bava fuoriuscito dall'autostrada che attraversa i suoi incisivi. «Marco, vuoi distribuirle tu?»

Il nome che Cioffi ha appena usato per rivolgersi a lei basterebbe a Gea per ribaltare il banco.

«Come no!» risponde, dandosi uno slancio e ricacciando

indietro, con un gesto vistoso della mano, i capelli quel giorno lasciati morbidi sulle guance.

"Gea, non esplodere... non esplodere..."

Parla con se stessa in una specie di prova di resistenza psicologica. Fingere di essere sorda mentre, dentro di lei, scoppia un'atomica, e così superficiale da ridacchiare e atteggiarsi in quel modo, la fa sentire una vincitrice totale. Cioffi può chiamarla come vuole – non è vero, ma che lo faccia pure, per ora – però non può impedirle di mostrarsi quel tipo di ragazza in cui nemmeno si riconosce, ma che è in grado di rovesciare sulla cattedra ettolitri di femminilità.

Nel silenzio che segue sente per la prima volta il consenso dei suoi compagni. Né un sorriso, né un gesto, mentre appoggia le verifiche di banco in banco. Non un fischio, non una risata, non una battuta, ed è proprio quel bellissimo niente che festeggia.

Fra le mani ha la sua, col suo nome, *Gea*, barrato in penna rossa, la stessa che il Cioffi utilizza per le correzioni, e sostituito con un *MARCO* in stampatello maiuscolo.

«Professore, questo non è giusto» dice senza guardarlo. I suoi occhi sono fermi sul foglio di carta che attesta il grave errore che lei rappresenta.

«La verifica è andata bene, Marco. Non sei soddisfatto?»

«Presto tutto questo non potrà più farlo!»

«Marco, non devi prenderla in questo modo. Ti stai agitando... Hai provato a confrontarti con lo psicologo della scuola? Potrebbe aiutarti».

"Da uno psicologo non ci vado neanche morta" pensa.

Poi lascia le ultime verifiche sulla cattedra e torna al banco tenendo fra le mani la sua, anzi, quella di Marco. Non può dimenticare la sensazione già vissuta di avere addosso qualcuno che la considera un errore, disposto a distruggerla, pur di correggerla.

Avrebbe voluto raccontare cosa le diceva la dottoressa Galeano, cosa le diceva di fare, soprattutto, ma a chi? Non ai suoi genitori, non alla nonna – poco ci mancava che la Galeano andasse a cena a casa sua tutte le settimane – non a Giulio che gli aveva urlato di curarsi perché non era normale. Così, ne parlava con se stessa, in macchina, mentre la portavano da lei. Appena intravedeva la palazzina dai mattoncini rossi, Gea, dai sedili posteriori, cominciava a farsi forza, con sempre meno energie.

Il giorno del loro primo incontro, la dottoressa Galeano si era fermata qualche minuto fuori dallo studio con i suoi genitori, mentre lei, col nuovo taglio di capelli a spazzola, aspettava in piedi all'interno. Al centro c'era un gigantesco tavolo di vetro su cui stava una lampada che le aveva ricordato quelle degli interrogatori nei film polizieschi, un portapenne d'acciaio e una grossa cartellina foderata in pelle marrone. La parete dietro era ricoperta di libri chiusi in vetrine brillanti. Si era avvicinata al tavolo e si era piegata per osservare il piano in controluce: era riuscita a individuare un solo granello di polvere, che aveva fatto volare via con un soffio.

Dopo averla fatta sedere sulla poltrona, la dottoressa l'aveva rassicurata dicendole che non doveva temere alcunché. Il percorso di rieducazione, così lo aveva chiamato, doveva partire da un accordo di fiducia, anzi un contratto, fra Gea e lei.

Punto numero 1: nulla di ciò che si sarebbero dette, anzi disse *detti*, durante il periodo di *cura e guarigione*, per nessuna ragione sarebbe dovuto uscire da quello studio.

Punto numero 2: solo la dottoressa Galeano aveva facoltà di fornire aggiornamenti ai suoi familiari.

«Solo io, per capirci» aveva ribadito. «I tuoi genitori sono già informati di questo, quindi eviteranno domande dirette a te».

Punto numero 3: Gea avrebbe dovuto seguire le regole e i comportamenti indicati, anche se le avessero causato sofferenza. Era funzionale alla sua lenta e difficile guarigione, lo assicurava la dottoressa.

Punto numero 4, che fra tutti era quello che l'aveva fatta sentire in trappola: per nessun motivo le sedute potevano essere interrotte, nemmeno quando sarebbe diventato faticoso, *molto faticoso*. Anche in quel caso Gea non avrebbe potuto parlarne con altri che non fossero la dottoressa Galeano, e avrebbero superato le difficoltà insieme.

Fin dalla prima settimana di sedute, la sua stanza, su ordine della dottoressa, fu svuotata da tutto ciò che potesse ricordarle la persona che non doveva più neanche pensare di essere, cioè Gea, la mezza femmina.

I suoi genitori avevano gettato i libri, il tappeto, le tende, i soprammobili; avevano staccato la bacheca con i post-it, le fotografie e i suoi disegni; avevano fatto portar via i mobili senza domandarsi cosa contenessero. Avevano sostituito l'armadio, il letto e la scrivania con altri nuovi, su cui avevano appoggiato quaderni ancora imballati e l'astuccio di un supereroe riempito di penne e matite colorate ben appuntite.

Non aveva più il suo computer, i suoi mp3, la connessione a internet. L'unica musica consentita era quella salvata sulla chiavetta che la dottoressa le aveva consegnato: canzoni che rimandavano a Dio.

In quella stanza senz'anima Gea non riusciva neanche a muoversi.

Trascorrevano le sedute e lei si sentiva sempre peggio. Sapeva che i suoi genitori e suo fratello erano convinti che tutto andasse come previsto e che presto l'avrebbero ritrovata, anzi ritrovato. Invece Gea sprofondava, come il bambino dell'immagine che la dottoressa Galeano le aveva messo davanti prima di chiederle cosa vedesse.

«Un bambino capovolto in acqua» aveva risposto lei.

«Un maschietto con gli occhi chiusi che indossa scarpe col tacco» aveva aggiunto la dottoressa. «Vedi, Marco, è sommerso dalla caviglia in giù. Restano fuori solo le scarpe, ma con quelle non può respirare. Sei d'accordo?»

Gea avrebbe voluto afferrare il bambino della foto per un braccio e tirarlo fuori.

«La parte galleggiante rappresenta i tuoi desideri sbagliati, Marco. La testa sommersa indica i mostri da cui quei desideri derivano. Noi li stiamo rimuovendo uno a uno».

Non si riconosceva più, si sentiva annullata – ognuno di

noi è anche tutti i propri mostri. Al mattino era triste. Il suo primo pensiero era che sarebbe stato bello se non si fosse svegliata. Le sembrava fosse persino cambiata la sfumatura dei suoi occhi: un celeste opaco, senza luce. Di questo non poteva incolpare i suoi genitori ai quali, nel corso di quel periodo che non vorrebbe ricordare, né affrontare, mai aveva chiesto aiuto. Era uno dei punti del contratto.

Aveva deciso di non mangiare più. La dottoressa Galeano prima li aveva rassicurati dicendo che era una conseguenza piuttosto comune, e poi aveva passato l'intera seduta successiva a farle il lavaggio del cervello affinché riprendesse a mangiare, per poter proseguire in forze il percorso che aveva davanti. Niente da fare, Gea beveva soltanto, e godeva della faccia e dei toni irrigiditi della dottoressa.

"Se morissi di fame, la arresterebbero" aveva pensato, per la prima volta con il coltello dalla parte del manico.

Fortuna che Giulio, a dispetto delle parole che le aveva detto quella sera caldissima, era il miglior fratello maggiore che avesse potuto desiderare.

Per questo Gea aveva pensato fin da subito che fra due come loro le scuse non occorrevano.

Non servono mai tra un fratello e una sorella che, nonostante tutto, intendono restarlo per sempre.

14

PIETRO. UNA VISITA PERICOLOSA. CAMBIARE IL DESTINO. GRANDE SUCCESSO. DUE PICCOLISSIMI FAVORI

Prima che suonasse il citofono, era il solito pomeriggio: Pietro in camera sua a fare il minimo indispensabile per uscirne vivo a scuola – consegnerà quella tavola di disegno tecnico, basta che il prof la smetta di chiedergliela – e poi piscina; sua madre in poltrona; suo padre in qualche bar, di sicuro. Adesso si dà una regolata, è vero, ma resta sempre uno spettro, responsabile di troppe cicatrici sulla pelle.

Il citofono non suona mai. I venditori porta a porta saltano la loro villetta e passano al condominio successivo. Ormai non vanno a trovarli neanche più i parenti. Merito del lungo lavoro di isolamento di sua madre che non ha mai chiesto aiuto a nessuno e mai lo farà. «I deboli lo fanno» gli ha detto una volta.

Pietro conosce la verità. Sua madre si vergogna: di sé, della vita passata, di quella che ha davanti, e pure della famiglia in cui ha fatto crescere suo figlio, cioè lei e l'uomo che non ha mai lasciato. Insomma, sue sono tutte le colpe. Le sopporterà sulla propria schiena, e nessuno le farà mai cambiare idea, nemmeno lui.

«Guarda chi è, ma non farti vedere» dice sua madre, facendo leva sul bracciolo imbottito per darsi la spinta e controllarlo.

Al cancello d'ingresso ci sono una donna e una ragazza più giovane, in parte coperte dalla colonna di mattoni. La donna fa cenni con la mano nella sua direzione – lo ha visto – e schiaccia di nuovo il pulsante.

«Allora?» domanda sua madre.

«Non lo so. Vado a vedere».

Appena mette piede in giardino, Pietro capisce chi sono: la madre e la ragazzina degli scherzetti.

"È finita!" pensa. "Si è portata la figlia perché mi ha riconosciuto, forse, quando mi ha beccato a rovesciare la spazzatura in giardino, e ha scattato pure delle foto. Quelle sono prove! Per non parlare della sera delle gomme non bucate... La mezza femmina le ha detto di avermi incontrato nei dintorni di casa sua. Sono fregato".

Nei pochi passi che lo separano dai loro volti seri, Pietro ricostruisce tutto il processo a suo carico fino alla sentenza di condanna. Mentre un intero quartiere di brave donne, inclusa sua madre, volevano il loro male, quelle due erano fuori da casa sua pronte a prendersela con lui.

«Io sono Debora, lei è Chloe...»

«Mamma, lo sa, ci siamo conosciuti in piscina» dice Chloe.

Non è felice di vederlo, è evidente.

«Vorremmo parlare con voi. Possiamo...»

«In questo momento in casa non c'è nessuno».

Pietro rimane fermo dall'altra parte del cancello, come

un gigantesco masso rotolato giù dalla montagna che ne impedisca l'accesso, figuriamoci invitarle a entrare.

«Sai, viviamo qui vicino e ci stanno succedendo cose... non belle. Forse potete aiutarci a capire meglio. Vi rubiamo solo pochi minuti...»

«Come ho appena detto,» la interrompe lui «in casa al momento non c'è nessuno. Dirò che siete passate».

«Grazie» risponde Debora pensierosa. Dopo qualche secondo riprende a parlare: «La nostra proprietà è stata più volte vandalizzata. È evidente che a qualcuno non siamo simpatiche, pur non avendo fatto – credo – niente di male. Ne sai qualcosa?».

«No, mi dispiace».

Pietro non dice altro. Le parole non superano la barriera della gola, bloccate dallo sguardo di Chloe che lo paralizza. La luce fredda del cielo nuvoloso colora i suoi occhi di giallo scuro. Sono fari indagatori che hanno notato un cedimento, forse una strana tensione, e non hanno bisogno di sbattere le palpebre.

Debora fa passare la mano fra le sbarre del cancello e la appoggia sul braccio di Pietro.

"È il momento" pensa lui, e invece la donna lo ringrazia. "Allora davvero non hanno capito".

L'espressione di Chloe comunque non è cambiata, ancora così concentrata, ma poco importa: Pietro vuole chiudersi in casa e lasciare loro e tutta quella storia fuori dal cancello. Le saluta. Si volta e pensa che quel rapido rientro a passo svelto assomiglia così tanto a ciò che gli fa rabbia di sua madre, a cui potrà dire una sciocchezza. In fondo poteva essere chiunque, ma non loro due. Richiude il portoncino stando attento che non sbatta. Si ferma davanti alla cucina, come faceva quando trovava il coraggio di avvicinarsi mentre imperversava l'uragano. Lei sta dormendo sulla poltrona, col capo flesso in avanti e la bocca aperta. Resta a guardarla qualche istante, nel silenzio della casa. Il movimento regolare del suo corpo che respira è ciò che più assomiglia a una piccola pace quotidiana, e lo consola.

Torna in camera non certo con l'intenzione di ricominciare il disegno tecnico. Risolverà non andando a scuola domani per guadagnare un po' di tempo per la consegna. Con i voti è messo male, non può aggiungere un'altra materia alla lista delle insufficienze. Non è il momento di pensarci. Ora ha bisogno di staccare dalla scuola, da sua madre, da casa sua e da quelle degli altri.

Infila un costume nel borsone, tutto il resto è già dentro.

«Chi era?»

«Due tizi».

«Cosa volevano?»

«Mi hanno chiesto se sapevamo di appartamenti in vendita nella zona».

Senza aspettare una risposta, o peggio un'altra domanda, aggiunge: «Vado in piscina, torno per cena».

Il giorno in cui aveva provato a salvare sua madre, Pietro aveva capito quanto è difficile cambiare il destino. Non può farlo un conoscente, un amico e nemmeno un figlio.

Il destino, se cambia, è perché lo vuoi tu.

In bagno andava in scena l'ennesima replica dolorosa; le urla attraversavano le mura. Quelle di sua madre erano le parole di ogni volta, con lacrime nuove e preghiere vane a suo padre, che beveva pure mentre se la prendeva con lei.

Pietro aveva vinto la paura, era uscito dalla sua stanza e si era infilato nella camera matrimoniale. Mentre suo padre la colpiva con un altro schiaffo – riconosceva il suono della mano aperta sulla faccia, anche quello, purtroppo, diventato familiare – lui aveva riempito senza criterio un trolley di abiti per lei. Sarebbero andati via per non tornare più, aveva deciso Pietro.

Quando lei era entrata in camera e lo aveva visto con in testa il cappellino rosso con la visiera, lo zaino della scuola pieno di vestiti appoggiato a terra e il trolley in cui infilava le ultime cose, aveva ricominciato a piangere. Erano lacrime diverse da quelle di poco prima, dolci e malinconiche, che avevano accompagnato i suoi passi e l'abbraccio forte che gli aveva dato. Pietro aveva sentito in quella stretta tutta l'impotenza del mondo. Comunque aveva pensato che avesse capito, che quell'espressione sul suo viso significasse un'approvazione per lasciarsi il dolore alle spalle. Invece lei piangeva per la resa che stava per dichiarare a suo figlio.

In silenzio, aveva aperto il trolley e iniziato a svuotarlo davanti a lui che lo aveva riempito. Aveva tirato fuori i pantaloni e poi una polo che a lei piaceva tanto, li aveva ripiegati e riposti con cura nell'armadio.

Non erano necessarie spiegazioni. Pietro aveva guardato

sua madre ricollocare la propria vita nello spazio che divideva con suo padre.

«Dobbiamo andarcene, mamma. Lui ci fa del male!»

Era solo un figlio, e aveva liberato un coraggio che non credeva, e che i suoi genitori avevano dimostrato di non possedere.

Qualche anno dopo, si sarebbe ritrovato a pensare a quel pomeriggio come a un tentativo disperato e ridicolo di cambiare gli unici due destini a cui era interessato. Invece era cambiata sua madre – la rassegnazione fa brutti scherzi alla parte bella dell'anima – adeguandosi al peggio che sopportava e diventando la versione arresa di se stessa.

Da allora Pietro si è convinto che non esisteva un'alternativa felice per loro due, e ha smesso di tentare, ma non ha lasciato mai sua madre da sola, facendola sentire supportata anche nelle sue decisioni più sbagliate.

Dietro il bancone all'ingresso della piscina, Alessia è al cellulare a messaggiare come al solito. Pietro la saluta, lei alza la testa, si scusa regalandogli un sorriso a cui ogni tanto lui pensa, e gli dice: «Dimmi tutto», con un movimento della testa che fa oscillare la coda di capelli castani da una parte all'altra. Pietro le chiede se può utilizzare la vasca della squadra anche se non è giorno di allenamento.

«Come no! C'è anche Ian» risponde lei lanciandogli un'occhiata complice.

Dopo il bacio – Ian ha avuto un gran coraggio, deve ammetterlo – Pietro ha dovuto subire l'ironia di chi, Alessia inclusa, pensando di divertirlo, allude a una loro amicizia particolare. Ormai non ci fa più caso.

Nello spogliatoio riconosce il borsone di Ian; accanto ce n'è un altro appoggiato sulla panca, ma non è targato Neptune. Che ci fa in piscina in un giorno di riposo, e con chi è?

Dà un'ultima occhiata al cellulare mentre con l'altra mano pesca gli occhialini nella tasca laterale. L'app di Telegram sta esplodendo: 77 notifiche non lette, tutte provenienti da *@yagnai*.

Scorre senza soffermarsi troppo. Ride di gusto ai nuovi fotomontaggi in cui Ian salta addosso a qualunque forma di vita. Poi le risate diminuiscono, come se la quantità enorme di quelle immagini creasse, persino in lui che ha coordinato l'operazione, un effetto disturbante.

Chissà come si è sentito Ian quando ha scoperto il canale, se è abbastanza oppure se c'è bisogno di un ultimo atto.

E quel commento; chi lo ha scritto deve essere un idiota a sostenere che al posto di Ian si toglierebbe la vita. Lo dimostra anche il ringraziamento fatto poi per il grande successo delle quasi duecento *reaction*.

"Ammazzarsi..." pensa Pietro, accogliendo sulla pelle il piacevole tepore dell'area vasche, che però non riscalda il gelo che quell'idea gli provoca. E poi li vede: due corpi di ragazzi girati di spalle; galleggiano immobili, con la faccia sott'acqua. Uno è Ian.

Pietro entra in vasca, poche bracciate bastano a raggiungerlo. Lo afferra con entrambe le mani e lo fa girare tenendolo sospeso. Lo chiama. Ian ha gli occhi chiusi e non risponde.

«Ehi, energumeno! E io?»

Il tempo di vedere la mezza femmina che lo provoca, che Ian scoppia a ridere fra le sue braccia.

«Ma siete normali?!» urla Pietro e lo spinge via con inutile forza, perché la resistenza dell'acqua lo tiene lì vicino.

«Pensavo avessi deciso...»

«Già, come si augurano i tuoi amici, vero?»

Ian tiene gli occhi fissi nei suoi, le labbra strette. Gli sembra più grande, sarà un effetto dovuto alle luci sull'acqua.

«Senti...»

«No che non ti sente!» esclama Gea, che nel frattempo si è avvicinata.

«A frequentare quella gente si diventa come te, che non sai se farti la doccia nello spogliatoio dei maschi o in quello delle femmine».

Pietro capisce di aver fatto centro.

«E tu sei proprio sicuro che, dato il tuo quoziente intellettivo, non ti sentiresti più a tuo agio in un acquario coi pesci rossi?»

Si volta verso Ian, che apre e chiude la bocca con gli occhi sgranati, imitando un pesce all'apparenza non così vispo.

«Adesso tu senti noi, capito, energumeno? Ti chiediamo solo due piccolissimi favori, visto che sappiamo quello che fai, e non vorrei proprio doverlo dire alla mia amica...»

Il primo pensiero, mentre la mezza femmina comincia con le richieste, non va né all'amica degli scherzetti, né a se stesso. Pietro pensa a sua madre.

15
CHLOE. IN TRE. MALATTIA MORTALE. SERA CHE DIVENTA NOTTE. FINO A PROVA CONTRARIA

Chloe vorrebbe rispondere a sua madre Debora che quella sera e per i prossimi cento anni ha un impegno; vorrebbe che lei le credesse e poi telefonasse a Tiziana per rimandare la conversazione annunciata a un giorno di un anno lontano.

Si sente già divisa a metà, una parte con l'una, nella solita casa, una parte con l'altra, in quella che Tiziana forse ha già trovato per sé.

Le dicono che hanno provato a risolvere i problemi fra loro, ma non tutto può andare a posto.

"In effetti non è andato a posto niente" pensa Chloe, mentre guarda la grande vetrata del salotto e si domanda quanto potrebbe far male sfondarla di corsa. "Meglio con la spalla o col gomito?"

Ha perso il conto delle volte in cui Tiziana le ha ripetuto che lei e Debora si vogliono molto bene, ma devono prendersi un periodo per capire meglio i propri sentimenti.

«Tu devi stare tranquilla, perché non ci sarà nessuna conseguenza» interviene Debora.

“Eravamo in tre, non lo siamo più. Forse per loro questa non è una conseguenza...”

I pensieri coprono le rassicurazioni delle sue mamme, che si fanno sempre più ovattate.

Il divano, le pareti, le finestre si dissolvono. Al posto del pavimento, Chloe sente sotto di sé un morbido tappeto erboso. Guarda la scena dalla prospettiva di un moscerino sopra loro tre, che se ne stanno con le gambe incrociate sull’erba del parco di Colle. Un gruppo di bambini gioca con una palla leggera – è rossa, rivede anche il colore – mentre i genitori li tengono d’occhio da una panchina. Due ragazzi fanno jogging affiancati.

Il moscerino Chloe svolazza invisibile davanti al suo volto. Gli occhi dicono che ha pianto.

L’unico modo per scappare dal presente è sintonizzarsi con un passato, anche se recente, in cui esisteva la tristezza unita al desiderio di rimediare. È quello che fa la differenza. Chloe preferisce tornare dalla parte dello splendore, quando le sue mamme difendevano la loro famiglia, in quella mattinata in cui si era sentita fortissima: in tre e non a metà.

«Le parole della tua compagna non contano niente. Hai capito, Chloe?»

Debora le teneva le mani, mentre una lacrima precipitava sulla guancia senza che Chloe facesse nulla per fermarla. Tiziana masticava una gomma guardando davanti a sé, in direzione della cattedrale in fondo.

«Deb, dobbiamo fissare un colloquio con la coordinatrice di

classe il prima possibile. Deve parlare con gli altri insegnanti e con i genitori di questa ragazza. Ci andiamo insieme».

Rachele aveva inventato un nuovo passatempo per la ricreazione, che aveva entusiasmato tutti e si era esteso anche alle ore di lezione, purché sottovoce. Ogni volta che Chloe salutava qualcuno o, peggio, ci scambiava qualche chiacchiera, quello si ammalava di *chloite*, cioè sarebbe diventato gay se non avesse passato il morbo a qualcun altro entro dieci secondi. Era sufficiente toccarlo ed esclamare: «Chloite!» per liberarsene.

Chloe era stata in silenzio per giorni, attenta a non incrociare lo sguardo di nessuno. Si era sentita malata, diversa, sola e pure sfortunata: non aveva scelto lei di avere due donne come genitori.

«Ti sembriamo pericolose come una malattia mortale?»

«Qualche volta».

«Hai portato la macchina fotografica?» aveva continuato Tiziana.

Lei aveva annuito.

«Prendila, dai!»

"Non capisce che non è proprio il momento?"

«Dai, dai!» si era unita Debora.

Chloe aveva sfilato la sua fedele complice di ricerca della felicità dalla tasca dello zaino. Stava per domandare a sua madre se voleva davvero farle una lezione di fotografia con tutta quella tristezza addosso e... non poteva crederci. Quando era tornata a guardarla, Tiziana teneva il dito nel cordino di una scintillante fotocamera blu.

«Zoom ottico 4X, puoi ottenere un primo piano pure se non sei vicina al soggetto; 16 megapixel, cattura immagini senza perdere nitidezza e qualità anche quando fai modifiche. Resistente agli urti, alla polvere, alla sabbia, al sale. Impermeabile, puoi fare le foto sott'acqua! Compatta. Batteria ricaricabile agli ioni di litio, cinturino da polso, cavo USB».

Chloe aveva fissato quell'oggetto ipnotico sospeso davanti ai suoi occhi.

«Che ne dici di provarla?»

«Nel senso che è mia?»

«Ho detto *provarla*. Tu hai la tua. Un po' vecchia, in effetti... non credi?»

Il labbro inferiore di Chloe si era fatto strada fino a sporgere, la frequenza dei battiti di ciglia era decollata a ritmo forsennato.

«Certo che è tua!» aveva esclamato sua madre, esplodendo in una risata che non le capitava spesso di vedere.

Chloe l'aveva abbracciata e quasi le aveva strappato la fotocamera dalle mani.

«Ehi, quanto entusiasmo!»

Debora aveva seguito la scena dalla prima fila. Chloe era arrivata anche da lei, le era saltata addosso facendole perdere l'equilibrio.

«È carica?!» aveva domandato dopo averla accesa, con un tono fra la gioia e lo stupore.

«Ovvio!» aveva risposto Tiziana. «Come ci posizioniamo, signorina fotografa?»

«Io in mezzo a voi due, ma prima... vediamo se funziona bene!»

Chloe aveva scattato e riso delle loro finte discussioni su come mettersi in posa e sulla serietà del momento che Debora, a dire di Tiziana, aveva rovinato con le sue scemenze. Debora poi aveva abbracciato Tiziana da dietro sussurrandole qualcosa all'orecchio. Lei aveva stretto le labbra, le aveva appoggiato una mano sul braccio e l'aveva tenuta lì. Chloe si era infilata fra loro due e aveva scattato una serie di selfie tra incastri impossibili e risate fino alle lacrime, che erano diventate una musica: la musica della felicità.

In quei giorni di attesa, prima che Tiziana e Debora si decidessero ad affrontarla, Chloe aveva accumulato una tale quantità di delusione e rabbia che considerava scontato scoppiare come la bottiglia di una bibita gassata agitata a lungo.

Il tuffo in quella dimensione di ricordi felici l'ha tenuta al riparo, consentendo alla miscela esplosiva di esaurirsi a poco a poco. O almeno così le sembra, ora che si sente esausta solo per averle ascoltate.

«Posso restare un po' in giardino?»

Dopo qualche istante, in cui nessuna delle due risponde, aggiunge: «Da sola».

Loro si scambiano un'occhiata preoccupata. Non c'è da temere una creatura mostruosa che la porti via con sé attraverso qualche profondo buco nel terreno, quanto piuttosto l'essere umano, chiunque esso sia, che ha stabilito che loro tre se ne devono andare. E ci sta riuscendo per gradi.

Debora accende i lampioni esterni e risponde: «Sì, certo».

Chloe indossa la giacca ed esce col cellulare fra le mani.

Come sei messa? digita e invia a Gea. Subito compaiono le spunte blu e la scritta *Gea sta scrivendo...*

Ok, tu?

Bomba esplosa.

Tutto bene?

Boh. Fuga notturna alla torre?

In attesa della risposta di Gea, pensa che non può farlo. Guarda in casa dalla vetrata e le vede entrambe con gli occhi puntati su di lei. Agitano i palmi delle mani come per scusarsi, e spostano lo sguardo in direzioni casuali.

Ok, chi prima arriva aspetta.

Appena Chloe vede la risposta di Gea, inizia a camminare. Supera il cancello e, una volta sulla strada, si mette a correre, non tanto perché pensa che Tiziana e Debora possano inseguirla, quanto per sentire sulla faccia l'aria fredda della sera che diventa notte, mentre raggiunge la sua amica.

«Come hai fatto a uscire a quest'ora?» le domanda senza nemmeno dirle *ciao*.

«Facile! Ormai basta che dica a mio padre che vengo a casa tua. E tu?»

«Io sono in giardino, non mi vedi?»

«Ma che dici?!»

I suoi occhi celesti sono più scuri di parecchie tonalità.

«Tu sei pazza!» continua Gea scuotendo la testa con un

sorriso incredulo che le rimane sulla faccia pure mentre Chloe le domanda: «Saliamo?».

In alto si vedono i fari che illuminano la torre.

«Si può fare?»

«No, ovviamente, ma visto che la lasciano aperta, ci vanno tutti. Se siamo fortunate non becchiamo gente a limonare o a drogarsi».

Gea rimane un passo indietro. Chloe sa di avere i suoi occhi addosso, spera ammirati da quella versione così decisa che sta offrendo di sé. Spinge il massiccio portone di legno, inizia a salire la prima rampa insieme a un'idea pericolosa, che nell'immediato scaccia, ma che non se ne va e continua a salire con lei.

«Bello, non ci ero ancora mai entrata!»

«Vedrai lassù...»

Non la sente più, si volta. Gea sta guardando in alto, forse sta contando i gradini – impossibile da lì, lei sa che sono centosettantasei – poi abbassa la testa, incrocia il suo sguardo e riprendono a salire: Gea dietro, Chloe davanti, che ascolta il rumore dei loro passi. Si ferma, sono arrivate in cima alla torre. Gea oltrepassa l'arco che dà accesso alla stanza di pietra, in parte illuminata dalla luce chiara dei fari. Si affaccia a una delle feritoie, Chloe la raggiunge. Sotto di loro si muove la città a perdita d'occhio. Le automobili da lassù sembrano insetti che si orientano con i fari. Gea cerca qualcosa in lontananza, forse il mare nel buio all'orizzonte.

Chloe la guarda e sente tornare l'ansia, la rabbia, la mancanza di fiato.

«Le mie madri si odiano. La gente ci odia...»

Pensava di arrivare chissà dove con la sua ritrovata spavalderia e la sua amica, e invece la fuga dal dolore finisce lì.

«Vedrai che la gente la smetterà, ne sono più che sicura» dice Gea. «Ehi, vieni qui» e spalanca le braccia proprio davanti a lei.

Chloe scaccia il pensiero di essere trattenuta con la rapidità di chi sta soffocando. Le passa accanto osservando la delusione del mancato abbraccio allargarsi sul suo viso glitterato. Cammina verso la parete opposta. Ha bisogno di aria, altra aria, più fredda, più veloce.

«Non voglio sentirmi così» dice. Accarezza la pietra che circonda il varco sul vuoto di un mondo che non le piace. Pensa che forse non ne ha mai fatto parte. «Come si fa a vivere senza una famiglia?»

Si sporge a guardare l'abisso. Fa leva col piede per sollevarsi.

«Tu ce l'hai una famiglia! Tu hai una madre!»

La voce di Gea la trafigge. Prima d'ora non l'aveva mai sentita urlare. Cammina verso di lei.

«Anzi, ne hai due, che ti amano!»

«Non è vero. Se mi amassero veramente, sarebbero rimaste insieme».

«Ma che cavolo dici?!» Gea è furiosa. «Cosa c'entri tu coi sentimenti che provano loro?»

«C'entro che...»

«Cosa c'entri tu?» le urla in faccia lasciandola ammutolita. E poi la stringe forte a sé.

Chloe è spiazzata, non riesce a decifrare la scena: Gea che piange a singhiozzi, quando chi ha appena assistito alla distruzione della propria famiglia fino a prova contraria è lei.

«Cosa c'entro io?» continua Gea, stavolta rivolgendo la domanda a se stessa, con la guancia bagnata di lacrime incollata alla sua.

Chloe aumenta la stretta per farle sentire che c'è, che le dispiace, sebbene non sappia cosa le stia prendendo.

«Non piangere, tu non c'entri niente».

«Vallo a dire a mia madre».

Le ha chiesto di sua madre una volta soltanto, nei primi giorni condivisi a scuola. Gea ha risposto che era rimasta sull'isola e ha cambiato subito argomento. Da allora non ne hanno più parlato. Chloe si siede a terra, con la schiena alla pietra della torre e l'abisso alle spalle. Si siede anche Gea. Il silenzio che segue la aiuta a raccontare.

«Una madre non la puoi perdere» se ne esce Chloe, piena di convinzione.

«Ma non eri tu quella che dieci minuti fa sosteneva di averne perse due?»

C'è una luce splendida attorno a loro, proprio dove sono sedute. Sembra provenire da Gea che ride. Chloe si sofferma sulla sua figura. Si avvicina, le sistema i capelli dietro le orecchie. Poi si alza, tira fuori la fotocamera blu. Gea rimane seduta, la osserva dal basso. L'azzurro delle iridi ancora bagnate è attraversato dalla spuma chiara della luce della torre. Ha il mare mosso negli occhi. Chloe scatta.

Appena tornata a casa, passerà la foto sul computer e la posterà su Instagram, sempre se le sue mamme non avranno già denunciato la sua scomparsa.

Ci sono fotografie che nascono allo scopo di ricordare il passato, e altre necessarie al futuro, per compiersi.

16
LA GIORNATA DI GEA. UNA PIOGGIA DA NIENTE. LA SFURIATA. ESSERE ALL'ALTEZZA

"Esiste un modo per prepararsi a una mattinata così decisiva?" si domanda Gea davanti allo specchio, dopo una notte di incubi.

A un certo punto, dalle profondità della vasca, era pure comparsa la Mastranga, sotto al suo corpo che galleggiava accanto a quello di Ian. Gli occhialetti appuntiti risalivano facendosi sempre più grandi; l'aveva avvolta nei suoi lunghi tentacoli e trascinata sul fondo con sé.

«Gea, sbrigati! Eviterei di far aspettare la dirigente».

«Papà, arrivooo» urla, ma non si muove da lì.

L'immagine che vede riflessa le piace – non può esserci giorno migliore di quello per andare a scuola vestita così – ma sul suo viso riconosce tutta l'insicurezza che prova, e sa che non passerà inosservata. Eppure è così lontana quella bambina sola, invisibile dietro il corpo di un maschietto con le gambe nude, che vola dalla sedia di sua madre con al collo un mantello che fa cilecca.

"Non è giusto pensare solo a quello che non va. Ci sono anche le persone che ci vogliono bene".

E dopo la sera alla torre con Chloe ne è certa, per entrambe.

Ripensa alla sproporzione fra il numero totale delle scuole e quelle che hanno già attivato la Carriera Alias. Nell'ufficio della Mastranga, che non ha mai visto dall'interno, non serviranno discorsi organizzati con largo anticipo a farla sentire appropriata, ma vuole comunque provare a convincerla.

"Convincerla di cosa? Di essere abbastanza femmina da meritarmi il nome che ho scelto?"

«Ci sono!»

Suo padre l'aspetta sul divano in completo grigio. Andrà al lavoro più tardi, per sostenere lei e una conversazione che entrambi sanno essere difficilissima.

«Stai bene» le dice.

Gea non è mai andata a scuola in gonna. È felice di riconoscere nello sguardo di suo padre quei sentimenti caldi che aveva perso di vista sull'isola, quando fronteggiavano la burrasca.

Nel breve tragitto in macchina gli domanda almeno quattro o cinque volte che cosa secondo lui dirà e deciderà la Mastranga, e lui risponde che non può saperlo, ma che è certo di una cosa: qualunque parola della dirigente non sarà definitiva.

Suo padre vive nella convinzione di avere sempre a disposizione una seconda e pure una terza possibilità. Adora questo aspetto del suo carattere, e glielo invidia, ma non può farci niente se la vita la mette tutti i giorni di fronte al giudizio della gente, che non si dà il tempo di conoscerla.

«Che ne pensa la mamma?» gli domanda appena parcheggiano di fronte alla scuola.

«Di cosa?»

«Dell'Alias, della dirigente, di tutto!»

«Gea, lo sai che la mamma...»

«Sarebbe dovuta essere qua anche lei. Invece è rimasta sull'isola e non gliene frega di sapere nemmeno come sto».

«Questo non è vero. Chiede ogni giorno di te».

«Perché non lo chiede a me?»

«Perché ha paura...»

«Di me?!»

«No, ha paura di sbagliare, e pure che tu stia sbagliando...»

«Te lo dico io di cosa ha paura: che non guarirò, che non tornerò normale, come dice lei. Ecco perché non mi chiama. Perché non sono il figlio che voleva».

Il rumore dei tergicristalli accentua i silenzi che seguono. Non hanno preso l'ombrello.

"Non importa, è una pioggia da niente" pensa Gea.

Le dispiace di aver rovinato l'atmosfera. Suo padre resta a guardarla dal sedile del guidatore. Quando fa per aprire lo sportello, lui le mette il braccio attorno alle spalle.

«Prima di andare voglio dirti una cosa, anzi due».

Lei si volta.

«Stiamo andando a parlare con la dirigente di una questione che riguarda il benessere di una studentessa all'interno della sua scuola, e che quindi non può che interessarle molto, perciò ti ascolterà con attenzione. Pensa innanzitutto a questo».

Gea annuisce, vorrebbe che suo padre non si stancasse mai di rassicurarla.

«E poi devi ricordare sempre che sei una ragazza forte. Ripetilo: io sono una ragazza forte...»

Quando capisce che fa sul serio, le viene da ridere.

«Dai, papà, davvero devo ripeterlo?»

«Sì, avanti!»

«Ok!» Si schiarisce la voce: «Sono una ragazza forte... anzi fortissima!» esclama, allungandosi oltre suo padre per raggiungere il volante, e dà due colpi di clacson.

«Sarebbe bastato anche un po' meno» dice lui ricomponendosi. «Ora possiamo andare».

Neanche un millennio che scorre in granelli di sabbia sarebbe riuscito a cancellare dalla memoria di Gea il ricordo del ritorno a casa dopo l'ultimo incontro con la dottoressa Galeano.

Non erano momenti di grandi parole – quegli incontri le parole le toglievano più che offrirne di nuove – e lei, appena possibile, preferiva raggiungere un luogo sicuro, ad esempio la sua stanza, dove esser certa che, debole come si sentiva, non avrebbe subito altri attacchi.

Aveva superato i suoi genitori ed era passata accanto a suo fratello, mantenendo il contatto visivo con lui finché non aveva iniziato a salire la scala, un piede per volta. Aveva avvertito i loro sei occhi sulla schiena. Aveva provato ad accelerare il più possibile la sparizione, ma ogni gradino le era sembrato più faticoso del precedente.

«Ma non lo capite che sta sempre peggio?»

Gea si era fermata più o meno a metà della scala, voltandosi verso il centro della scena.

«Non mangia... Lo vedete che a cena neanche si siede a tavola? Lo sapete che a pranzo è uguale? Che non tocca un pezzetto di niente, che devo costringerlo a mandar giù mezza fetta di pane e, se lo fa, è una festa? Sì che lo sapete, perché la signora Adele ve lo dice tutti i giorni, ma a voi non importa!»

Giulio parlava di lei dandole le spalle; urlava di lei ai loro genitori, ma non con lei, che era fuori dal cono di luce.

«Lo vedo soltanto io che zoppica? Cosa state aspettando? Che si getti da uno scoglio perché, insieme a quella criminale fuori di testa da cui lo portate tutte le settimane, sarete riusciti a convincerlo a odiarsi per com'è?»

Sua madre aveva iniziato a piangere, ma non era andata a dirle che avevano sbagliato. Non aveva cercato un dialogo, figurarsi il suo perdono. Niente di tutto quello in cui lei sperava. Si era girata prima verso suo padre, che non aveva mosso lo sguardo dal volto di Giulio, e poi era andata via, in una stanza a caso, purché fosse nel lato opposto della casa rispetto alla posizione della scala su cui era seduta Gea.

La sera della sfuriata di suo fratello, Gea aveva fatto i conti con la perdita della madre – molto prima, in verità, ma c'è sempre un'ora precisa, un secondo che si imprime nei ricordi, ed è quello che lei considera l'attimo del distacco – e iniziato a conoscere un nuovo sorprendente padre. Era stato disposto a cambiare tutto pur di cominciare a decidere per il suo bene, a partire dalla richiesta ai suoi dirigenti di trasferirlo nella sede centrale, in città, e poi l'appartamento in affitto e la partenza con sua figlia.

La notte prima di lasciare l'isola il canto delle diomedee era stato assordante. Non sembrava il verso di una specie di gabbiano, ma il pianto di un bambino, ed era durato così a lungo che Gea, fra le coperte, si era convinta che le stessero augurando buon viaggio. Forse le stavano chiedendo di ripensarci oppure, invece, volevano farle sapere che l'avrebbero aspettata.

La porta della I A si spalanca ed esce la professoressa Testa, che si appoggia allo stipite e inizia a contare: «Uno... due...». Le voci rombanti all'interno si zittiscono.

"Chissà cosa accadrebbe se un giorno arrivasse a dire tre" pensa Gea.

Lei si volta come se l'avesse sentita, come se avesse anche parlato e non solo pensato.

«Gea, che fai fuori dall'aula?»

«Cioffi mi ha cacciata».

«E perché? Facevi confusione?»

Dal tono è evidente che la stessa professoressa non crede affatto a quella versione.

«Ehi!» urla ancora alla classe. «È una pausa questa, non un coro da stadio!»

Il volume nell'aula si abbassa ancora e la Testa torna a guardarla.

«Proprio no» dice Gea avvicinandosi, ma non troppo; non

vuole farsi vedere da nessuno degli studenti di I A. «Ero appena tornata dal colloquio con la dirigente, che ho fatto con mio padre. Neanche il tempo di sedermi al banco, che Cioffi mi ha sbattuta fuori dicendo che non è carnevale e che io non posso venire a scuola conciata così».

La professoressa indugia con lo sguardo su di lei. Gea ha l'impressione che conosca l'argomento dell'incontro con la dirigente.

«Stai tanto bene» le dice poi.

Le viene da sorridere al pensiero che abbia utilizzato le stesse parole di suo padre con quel *tanto* a rafforzarle.

«Non è carnevale, eh?!» continua, fissando un punto sulla parete. «Vieni in classe mia».

«Professoressa, veramente preferirei restare...»

«Sarà utile per te, ma anche per i miei studenti, vedrai!»

I suoi occhi sembrano sinceri, e poi la Testa è l'unica ad averla accolta come ci si sente nelle case di chi ha piacere ad averci a cena.

«Ok» dice soltanto, mentre fa un passo e poi un altro verso la porta.

Fra poco la vedranno tutti, pure gli amici di quelli dell'ultima fila con i quali – è evidente – non andrà mai d'accordo. Le due prime superiori le chiamano classi gemelle: stessi insegnanti, studenti amici, complici; gemelle pure contro di lei.

Comincia come Gea si aspetta, cioè malissimo: al suo ingresso i toni si alzano, partono fischi e risate. La professoressa interviene un paio di volte e poi dice: «Ragazzi, abbiamo bisogno dell'agorà».

Si alzano tutti insieme. Gea rimane ferma accanto alla cattedra a osservarli muoversi in modo confuso. Uno di loro le fa un occhiolino provocatorio. La professoressa rimane con lei in fondo alla fila, mentre i suoi studenti le conducono all'agorà.

«Gea è nata in un corpo maschile» esordisce la professoressa mentre qualcuno ancora prende posto. «E fin da piccola non lo ha sentito giusto per lei».

«Prof!»

Un ragazzo in seconda fila alza la mano.

«Dario!»

«Volevo chiedere perché utilizza il femminile pure ora che sta raccontando di quando era maschio».

«Grazie per la domanda».

La professoressa si volta verso Gea, come per accertarsi che vada tutto bene. Lei la rassicura con lo sguardo e la Testa torna ai suoi studenti.

«Dario, Gea non ha cambiato sesso biologicamente, quindi non è corretto dire che era maschio come se a un certo punto avesse smesso di esserlo…»

Si ferma ancora, riflette. Gea vorrebbe darle una mano, perché è evidente che insegnare italiano può non bastare a trovare le parole giuste per raccontare la sua storia senza mancarle di rispetto, ma anche senza dire sciocchezze.

«Penso che possiamo dire che, nonostante il sesso biologico di Gea non sia cambiato, in lei sia nata una forte consapevolezza di sé. Possiamo sentirci diversi da come ci vediamo allo specchio. Vi capita mai?»

«Prof, io mi sento magrissima, ma lo specchio non è d'accordo».

«Allarga lo specchio, Betty!» urla un ragazzo con le mani a megafono dal secondo cerchio di sedie.

«E tu allarga il cervello!»

«Ehi, ehi, stop!» esclama la Testa. «Non siamo qui né per allargare gli specchi di Betty né per allargare il cervello di Pescioni, missione quasi impossibile, quest'ultima, direi...»

Parte un *ooohhh* di finto stupore.

Gea pensa che c'è davvero una bella atmosfera all'agorà. Fuori dal loro solito contesto sembrano sentirsi più liberi, e quindi più loro stessi, ed è come se questo li aiutasse a guardarsi meglio l'un l'altro, pure attraverso le loro provocazioni.

«Riprendiamo... La nostra interiorità non ha nulla a che fare con la forma. Badate bene, non mi riferisco al non piacerci così come siamo – anche quello può succedere e dobbiamo lavorare su noi stessi affinché possiamo apprezzare le nostre caratteristiche – sto parlando della nostra identità di genere. Sapete cos'è l'identità di genere?»

Gli studenti hanno espressioni dubbiose. La professoressa appoggia la mano sulla spalla di Gea e la tiene vicina a sé. Gea guarda con ammirazione la sua prof. Per la prima volta qualcuno prova a spiegare agli altri ciò che sta vivendo, e la solleva dal peso di doverlo fare da sola. Le sembra un tempo importante, un'occasione anche per lei, che ha dovuto fare una gran fatica per conoscersi un po' di più, a caccia di informazioni parziali. Adesso può mettersi comoda e ascoltare.

«L'identità di genere è il senso di appartenenza di una

persona a un genere, sia esso maschile, femminile o non binario, il che significa che ci si potrebbe sentire anche di non appartenere né all'uno né all'altro. È una consapevolezza che matura dentro di noi fin da quando siamo molto piccoli. Gea non sente di appartenere al genere individuato dal corpo in cui è nata, cioè un corpo maschile. Cosa possiamo fare noi?»

«Aiutarla» dice un ragazzo piccoletto in prima fila.

«In che modo?»

«Non lo so».

«Gea non è una persona in difficoltà che deve cambiare qualcosa di sé. Anche se, a pensarci bene, un modo per aiutarla c'è... Gea, vuoi dire qualcosa tu?»

Mentre risponde: «Sì, certo!» prende fuoco, come se qualcuno avesse cosparso il suo corpo di un liquido infiammabile e le parole della Testa l'avessero raggiunta come un fiammifero acceso.

«Sono qui con voi adesso, grazie alla professoressa, e perché Cioffi mi ha cacciata dall'aula».

«E perché?» domanda una ragazza di cui non ricorda il nome.

«Perché sono vestita così» risponde lei indicando la gonna.

«Ma lui si è visto con quei pantaloni ammuffiti?»

L'agorà è un tripudio di risate, fischi e ululati.

«Martina, per favore!» interviene la Testa. «Ragazzi, abbassiamo il volume! Gli altri stanno facendo lezione!»

«Ha cambiato pure il mio nome sulla verifica».

La professoressa si volta a guardarla. Gea pensa che questa cosa forse non avrebbe dovuto dirla, ma va avanti.

«Con la penna rossa ha cancellato *Gea* e ha scritto il mio nome maschile, che poi è quello che sta sul registro. Mi sono sentita... così sbagliata».

«Prof, posso dire?»

La Testa guarda Pescioni e annuisce con aria minacciosa.

«Secondo me non sei tu a non essere all'altezza, o sbagliata, sono gli altri a non essere all'altezza di ciò che sei tu».

Dopo un iniziale silenzio, parte un applauso che si estende a tutta l'agorà.

«Non ho finito!»

«Sto tremando, Pescioni».

«Prof, e se domani venissimo tutti in gonna? Maschi e femmine! Per Gea!»

Un lampo illumina gli occhi della professoressa Testa, mentre Gea nota, defilata dietro le sedute dell'agorà, la preside Mastranga, che si è goduta tutto lo spettacolo.

17
LA GIORNATA DI IAN. DUE ONDE SINCRONIZZATE. VOLERE TUTTO. NON DIRE NIENTE

Sua madre vedrà il diario aperto sulla scrivania, e ciò che farà con maggior probabilità sarà chiuderlo e infilarlo nel cassetto. A volte lo sposta in uno degli angoli del tavolo, quasi sempre quello in alto a destra. Segue una sua idea di ordine; gli oggetti in casa devono stare dove li posiziona lei, quindi quella ricollocazione è fondamentale. Per Ian, invece, è sempre tutto come prima.

Lo ha aggiornato con la vicenda del canale Telegram, arricchita da disegnini che a un eventuale lettore – spera lettrice, spera sua madre – non dovrebbero lasciar intendere nulla di buono. Ha poi scritto due intere pagine in cui è rimasto fra le braccia di Pietro, cullato dall'acqua della piscina, che si concludono così:

Cosa sarebbe successo se non ci fosse stata Gea? Se dopo avermi tirato fuori, Pietro si fosse accorto che non respiravo? Di certo avrei battuto il record mondiale di apnea, pur di sentirmi sollevato da lui il più a lungo possibile. E poi salvato, magari bocca a bocca.

Quanto è cambiato dal tempo dei segreti chiusi nella cassetta di sicurezza! È rimasto in quel luogo anche lui, al riparo da chi non lasciava entrare, e pure dalla luce. Sotto la pianta dei piedi gli sono spuntate radici robuste, hanno sfondato le piastrelle del pavimento e si sono fatte strada nel terreno, ma Ian non ci sta a rimanere piantato. Per strapparle via è stata necessaria tutta la forza rimasta nelle braccia dopo aver nuotato la vasca del trionfo. Quel bacio, l'inizio dell'incubo, gli ha consegnato la chiave d'accesso alla sua energia nascosta, che sta conoscendo adesso e che lo condurrà – spera – verso la libertà. Non ce n'è una sola che valga per tutti. La sua libertà significa uscire dall'ombra, sorridere a un maschio, parlarne con i suoi genitori, se gli va di farlo.

Spinge la bicicletta fuori dal garage. Una pioggia leggera e sottile gli bagna la fronte, le palpebre socchiuse, le guance. Fra una pedalata e l'altra il cappuccio viene via di continuo. Lega la bicicletta alla rastrelliera. Prende quanta più aria riesce e poi la butta fuori, come fa in allenamento e in gara, prima di iniziare la serie.

Alla questione *media scolastica*, che è quella che è, si è aggiunto il canale Telegram a rendere la sua scuola un luogo ancor più ostile. Da quando lo hanno aperto, Ian deve stare attento pure a camminare, e non ha nessuno su cui contare che sia lì con lui, a proteggerlo. Attraversa gli studenti ancora ammassati all'ingresso e pensa a Gea.

In piscina è stata grande! Certo, con la sua presenza ha impedito la scena d'amore più intensa degli ultimi duemila anni, ma ha affrontato Pietro con un tono così minaccioso e deciso da zittirlo. Ha visto la sua espressione fare un passo indietro. Ok, chiaramente non può chiederle di venire nella sua scuola a difenderlo dai cyberbulli, perché Gea si presenterebbe in mantello, calzamaglia e trucco blu.

"Gran figata!" pensa. "Quasi quasi..."

Nei corridoi nessuno sembra considerarlo. Il biondino con cui ha avuto il dispiacere e anche il piacere di parlare sta appoggiato al muro coi suoi amici. Appena lo individua, Ian rallenta il passo e procede in diagonale riducendo la distanza da lui. Lo vuole intercettare. Uno dei suoi smette di parlare – lo ha riconosciuto – e poi rientra nella discussione come se quella non fosse la ghiotta occasione per realizzare un altro memorabile scatto per il canale. Il biondino nemmeno alza la testa.

L'aula è mezza vuota. La maggior parte della classe si completerà con l'arrivo della Mari, nei sessanta secondi successivi al suono della campanella. La professoressa di arte, agitando il pennello, ricorderà, come fa a ogni lezione senza risultati, che la puntualità è una virtù.

Ian dice un *ciao a tutti* poco convinto e va verso l'appendiabiti per lasciare la giacca zuppa d'acqua, prima di sentire i saluti inaspettati di qualcuno. Gli stessi che in quei giorni non hanno più parlato con lui si avvicinano al suo banco. Se non fosse per le incisioni col taglierino, sembrerebbe nuovo. La scritta *@yagnai* è sparita insieme a tutte le altre.

Luca racconta di una tipa che stalkera da settimane e che pare gli abbia sorriso, ieri, in un istante indefinito della ricreazione. Ian non gli sta dietro, è distratto da un pensiero.

«Hanno ripulito i banchi?» domanda.

«Sì» risponde lui, contrariato per l'interruzione. «Hanno ripulito… tutto».

Gli basta uno sguardo veloce in giro per rendersi conto che è davvero così.

«Scusate!»

Esce dall'aula, raggiunge i bagni del piano, entra in quello dei maschi: le porte sono ancora piene di scritte, ma quella che cerca lui non la trova su nessuna. Al suo posto una macchia di vernice bianca a coprirla, che sulla seconda porta era già stata riempita con un cuore trafitto da una freccia e due iniziali, una sulla punta e una sulla coda.

"Che romantici" pensa prima di vedere il pene con gli occhi disegnato accanto. Camminando verso l'aula apre Telegram e digita il nome del canale: nessun risultato. Lo scrive tutto maiuscolo, ancora niente. Prova inserendo solo la prima parte della parola e poi, ancora, senza la chiocciola iniziale…

«Lo hanno cancellato» dice ad alta voce, ritrovandosi occhi negli occhi con la professoressa Mari.

«Ian, sei in ritardo!» esclama lei agitando il pennello.

«Mi scusi, professoressa, ma dovevo fare una cosa… importante».

«Al bagno?» interviene Gazza col solito tono scemo.

Tutti ridono, ride anche lui.

«Ricorda sempre» continua la Mari «che la puntualità…».

«È una virtù! Lo sappiamo!»

Si sono ritrovati privi di un gioco pericoloso, all'apparenza divertente. Per vincere, ognuno era stato costretto a mettere in mostra, dove potevano vederla tutti, la cattiveria di cui ci si vergogna, quella che in molti, prima del canale, non pensavano neanche di essere in grado di provare. Così come era stato creato, dalla notte al giorno non ne rimaneva più nulla; forse solo il ricordo di cui nessuno avrebbe parlato per lungo tempo.

Per Ian dormire con Alessandro doveva essere la chiusura di un cerchio, oppure un inizio – avrebbe capito poi che ogni esperienza aggiunge qualcosa, pure quelle che tolgono – e aveva pensato che si potesse fare nel bungalow, con i suoi genitori nell'altra stanza.

Non c'era stato bisogno di dirsi niente. Nel mezzo della notte aveva aperto gli occhi senza voltarsi. Alessandro era sceso dal letto a castello, respirava in piedi, accanto a lui. Ian godeva dell'attesa all'idea che potesse lasciarsi vincere dall'istinto. Con la gamba aveva trascinato via il lenzuolo, che gli aveva accarezzato la pelle fino a cadere di lato. Ora il suo corpo era scoperto, a disposizione.

Aveva sentito la mano di Alessandro sulla schiena e poi salire con le dita, come se volesse contare le sue vertebre. Aveva cambiato direzione e proseguito fino all'elastico degli slip.

Ian si era girato a pancia in su; teneva ancora gli occhi chiusi. Alessandro si era disteso sopra di lui, aveva intrecciato le gambe forti alle sue sottili. Ian lo aveva circondato con le braccia tenendolo stretto a sé, mentre sentiva l'eccitazione crescere. Alessandro spingeva in basso e poi lo riportava in alto, lui assecondava quel movimento. Erano due onde sincronizzate per raggiungere la riva insieme.

Se Ian fosse riuscito a non addormentarsi, avrebbe potuto godere per ore del contatto dei loro corpi nella notte più bella della sua vita. Ogni volta che aveva riaperto gli occhi e scoperto che erano ancora lui, Alessandro e il buio, gli aveva accarezzato il fianco e si era illuso di restare così, vigile e con tutte le possibilità nelle mani, prima di lasciarsi vincere dal sonno.

La mattina era arrivata senza chiedere permesso, come avevano fatto i suoi genitori con la loro intimità in quella stanza, visto che la porta non era più chiusa come l'aveva lasciata lui. Sentiva le voci al tavolino fuori. Aveva svegliato Alessandro, gli aveva chiesto di vestirsi in fretta.

Come li avrebbero trattati sua madre e suo padre? E lui cosa avrebbe potuto rispondere?

«Buongiorno, ragazzi!» aveva detto sua madre appena erano sbucati dalla porta.

Suo padre aveva fatto un cenno di saluto senza staccare dalla bocca la tazzina col caffè e gli occhi dal giornale.

«Alessandro, cosa preferisci per colazione?»

Lui aveva risposto che andava bene quello che c'era – "Vuole andarsene" aveva pensato Ian – mentre sua madre imbandiva il tavolo di legno con fette biscottate, marmellata all'arancia e una bottiglia di succo di frutta alla pesca freddo di frigo. Poi, senza più occuparsi di loro, aveva ripreso a parlare dei programmi della giornata. Aveva proposto una passeggiata sul bagnasciuga, suo padre aveva acconsentito, a patto che per pranzo fossero andati a mangiare il pesce in paese.

Possibile che i suoi genitori non avessero capito nulla? Ian aveva pensato che fosse comunque una gran fortuna e, mentre guardava Alessandro dirigersi verso la gradinata in pietra che conduceva alla spiaggia, si era ripetuto che mai più avrebbe rischiato tanto per un maschio.

E invece adesso voleva tutto: aprire gli occhi a sua madre e suo padre, e molto, molto di più da Pietro.

Il canale non esiste più.

Scrive e invia a Gea, mentre la Mari risulta dispersa fra i bombardamenti della Guernica di Picasso.

Strano, eh?!

Non pare sorpresa, come se ne fosse a conoscenza. Anzi, come se fosse in parte o tutto merito suo.

Se non ricorda male, il giovedì a quell'ora in classe di Gea c'è il Cioffi. Ian tira le labbra in un automatico gesto di reazione al solo pensare a quell'individuo che, se assomiglia un minimo alla descrizione che Gea ne ha fatto, firmerebbe la sua condanna a morte, se solo la beccasse al telefono.

Gea sta registrando un messaggio.

Appena compare il *play* per ascoltarlo, Ian si rannicchia sul banco, protetto dal ridicolo spessore dell'astuccio, si assicura che l'audio non sia in vivavoce e attiva *Gea*, che parte a raccontargli del colloquio *zero speranze* con la Mastranga, poi del Cioffi che l'ha cacciata dall'aula e della Testa che invece l'ha portata all'agorà con la classe per parlare della sua vita – per una volta la protagonista era lei, Gea, e non Marco. Gli dice di Pescioni, che deve essere un tipo forte visto che se n'è uscito con quella proposta di presentarsi il giorno dopo tutti in gonna. Conclude il suo audio a macchinetta con un: *Lo faremo davvero. Non posso crederci!* e stacca.

Troppo avanti questa cosa! Non posso mancare!

Muoio! risponde lei.

A Ian viene già da ridere all'idea di chiedere a sua madre di prestargli la gonna più fashion dell'armadio. Non può dirle che salterà un giorno di scuola per andare a sostenere una ragazza transgender a capo di una rivoluzione. Pare troppo anche a lui. Allora applica alla storia qualche piccola modifica e le riferisce parole che avrebbe detto la professoressa Razzi: che si tratta cioè di un esperimento sociale chiamato *Mettersi nei panni dell'altro*. Per averlo pensato al momento, gli pare un titolo anche piuttosto convincente.

«Una lezione sull'empatia coi maschi in gonna...» commenta sua madre scuotendo la testa. «Devi andarci per forza?»

«Sì, ha detto che la valuta e sarà di sicuro un voto alto!»

«Bah! La tua professoressa sta dimostrando un'incapacità ormai evidente a tutti» conclude mentre tira fuori dall'armadio un tailleur blu.

Sua madre aveva ritenuto fin da subito la Razzi una tipa bizzarra, inadatta all'insegnamento. Quindi era quella giusta per non insospettirla.

«Con questa sarò bellissima!» esclama Ian facendole un

vistoso occhiolino, e le porta via la gonna dalle mani. Lei resta a guardarlo col braccio sospeso a mezz'aria e l'espressione cristallizzata di chi sta assistendo all'atterraggio di un oggetto volante non identificato.

Quando Gea lo vede, corre da lui.

«Ma quanto sei figo! Ti ci vorrebbe un po' di trucco...»

«Non esageriamo... Sei bella anche tu! Oggi tutta verde!»

Dal tempo sospeso, Ian capisce che quelle parole non deve averle sentite così spesso. Poi lo prende ai fianchi e lo conduce da Chloe. La loro aula è vuota come da copione. La prima a entrare sarà Gea e poi tutti gli altri.

«Vengo anche io. Ho rispettato il dress code della festa».

Gea guarda la professoressa Testa stupita. Indossa una gonna di pelle nera che le cade morbida addosso. Ian riconosce quello stesso sguardo di ammirazione che lui vorrebbe tanto vedere sul volto di sua madre, per esempio, mentre gli parla.

«Ci siamo, gente?!»

«Pescioni con quelle gambe storte e pelose non si può guardare. È un mito!» esclama Gea con le lacrime agli occhi dalle risate.

«Forte, che siano tutti dalla tua parte!»

Ian non credeva che una persona come Gea potesse incontrare tanto sostegno. Se Gea potesse ascoltare i suoi pensieri, gli risponderebbe qualcosa del tipo: "In che senso come me?!".

«Forte, sì!» dice lei, che fa cenno a Chloe di avvicinarsi. Li abbraccia, uno a destra, l'altra a sinistra.

«Grazie, ragazzi» dice.

«Formate le coppie! I primi si siederanno in fondo...» Pescioni saltella qua e là come un goffo coreografo – pare più un ranocchio peloso – che dà indicazioni ai ballerini prima di uscire sul palco.

«Chloe, Ian» dice Gea stringendoli ancor più a sé. «Noi entriamo insieme?»

Ian, legato a loro, si sente indistruttibile. Gea spinge la porta.

«Buongiorno, professore» esordisce.

Cioffi la esamina e stabilisce, a una prima occhiata, che non va affatto bene vestita così. Allarga lo sguardo su Chloe, infine su Ian, che ripete il *buongiorno* di Gea con tono entusiastico e gli sorride mostrandogli quanti più denti possibile.

Cioffi si alza; entrano gli altri in un treno che sembra non finire mai. Si sistemano come capita. Lui si risiede, inizia a farneticare.

«Fermi! Tornate nella vostra classe, immediatamente!»

Poi si rivolge agli studenti della I B: «E voi andate a cambiarvi, altrimenti... sarete sospesi tutti!».

L'aula è gremita. Seduti, in piedi, accucciati, lo guardano in silenzio con gli occhi sicuri di chi indossa, più che una gonna, un'armatura.

«Facciamo una lezione insieme, Attilio?» La professoressa Testa avanza e si ferma accanto a lui. «Ti ho portato un gonnellino hawaiano...»

Dai banchi sale qualche risata, mentre lei tira fuori dalla borsa una gonna di paglia con la cintura *rainbow* e la porge al Cioffi, che con gesto brusco e sgarbato della mano la fa cadere a terra.

«Cos'è questa pagliacciata, Mariella? Ne dovrai rispondere alla dirigente...»

«Professor Cioffi, sono qui. Mi dica pure».

«Dirigente, per fortuna è arrivata!»

«Sono stata informata di quanto stava accadendo».

«La situazione è fuori controllo. Due classi unite, maschi e femmine mescolati, tutti travestiti, con la professoressa Testa che alimenta certe idee...»

«Professore, non faccia il tragico, la prego!» lo interrompe la Mastranga. «Mi risulta che lei abbia invitato una studentessa a uscire dall'aula – direi che il termine *cacciato* risulti più veritiero rispetto a quanto accaduto – questo perché indossava una gonna, che ricordo anche parecchio lunga, e un top, come molte studentesse fanno peraltro. È sua consuetudine sbatterle fuori con questa motivazione? Non mi pare...»

«Dirigente, sta parlando di un ragazzo, di sesso... maschile».

«Grazie per la delucidazione sul fatto che un ragazzo sia *di sesso maschile*, professore, perché io, da sola, non avevo gli strumenti cognitivi per arrivarci».

La dirigente sembra voler godere per qualche istante delle risate degli studenti, e poi riprende: «La questione è molto più articolata di come la racconta lei, e non è questa la circostanza per approfondire. Alla conclusione delle sue ore di lezione, la invito a farmi le sue rimostranze nel mio ufficio, ma cerchi di produrre motivazioni che abbiano un livello di approfondimento un tantino più significativo. Non mi spinga a dover pensare che questo sia il suo più alto modo di argomentare».

Lui la guarda come se non credesse ai propri occhi e alle proprie orecchie.

«Bene, se non c'è altro, professore, abbiamo finito... per ora».

Cioffi si asciuga il sudore sulla fronte col palmo della mano.

«Mi complimento con la professoressa Testa per la sua lodevole iniziativa e con tutti voi, ragazzi e ragazze. Questo, per la nostra scuola, è un giorno importante. Arrivederci».

Mentre la dirigente esce, Ian vede Gea voltarsi verso Chloe.

«Mi ha scritto mio fratello» dice col cellulare in mano.

Legge e rilegge in silenzio il lungo messaggio, mentre loro due osservano la sua espressione modificarsi attraversando tutti i gradi della felicità.

«Devo andare sull'isola questo weekend. È per mia madre» dice poi.

«È cambiato qualcosa?»

«Forse... Ha detto a Giulio che mi vuole parlare».

«Dopo così tanto, non può che essere una buona notizia».

Ian sta per intervenire proprio quando Chloe cerca il suo sguardo e aggiunge: «Noi veniamo con te», paralizzandogli le parole in gola.

Lo sta guardando anche Gea. Come fa a dirle che questo weekend non può andare da nessuna parte, nemmeno se stavolta è lei ad aver bisogno di lui, tranne che a disputare la finale nazionale che aspettano dall'inizio della stagione? Infatti non glielo dice.

18
IL MOMENTO

Il vento del porto accoglie Gea con freddi schiaffi sulle guance e abbracci vigorosi. Le incolla il giaccone addosso e le fa perdere l'equilibrio. Sembra arrabbiato e pure felice di rivederla, come un amico con cui hai litigato.

Si era illusa di poter rendere inagibile l'unica strada verso sua madre, tracciando un confine invalicabile tra il passato e il presente. E invece la vita è una sola, fatta dell'uno e dell'altro.

Le voci del mare e del vento si mescolano e sovrastano quelle dei lavoratori attorno ai container e di chi aspetta una nave per salirci o per festeggiare, dopo tanto, il ritorno di qualcuno.

«Sono arrivata! Aiutooo!»

Chloe avanza sbandando. Ha uno zaino enorme che forse non la farà volare via – "Per una sola notte si è portata dietro tutta la casa?!" – e un'altra grossa borsa rossa a tracolla che dev'essere la tenda da campeggio, le mani premute sul cappuccio, i capelli biondi che vanno in tutte le direzioni.

«Non ci faranno mai partire con questa bufera!» urla nell'orecchio di Gea.

«Ci sento bene, Chloe, grazie! E comunque stai tranquilla, è solo un venticello».

Rassicurarla le costa. Non le dispiacerebbe restare a terra, ma non si può scappare per sempre.

«Il traghetto parte fra quindici minuti. Dov'è Ian?»

«Ian non verrà» risponde con un tono che non è da Chloe.

«Ah».

«Oggi la Neptune è impegnata per la finale».

«Sei informatissima, noto!»

Gea non riesce a controllare la vena polemica. Colpa della delusione. Dopo tutto quello che aveva fatto per lui: il canale, l'energumeno... Ian che fa? Non si presenta al porto senza neanche avvisare?!

"E Chloe, che lo sapeva, quando pensava di dirmelo?"

«L'ho letto sulla pagina Facebook della squadra».

«Allora facciamo che non andiamo da nessuna parte» dice Gea, tornando verso la strada.

«Aspetta un attimo!»

Quando Chloe ha avuto bisogno di lei, è corsa alla torre e l'ha tenuta stretta sul vuoto. L'hanno tradita entrambi.

«Ma ti vuoi fermare?!»

Mentre scansa la prima lacrima del secchio che tiene negli occhi, le arriva un colpo alla spalla destra. Sente il rumore del metallo che rotola sulla pavimentazione dell'attracco numero 9.

«Mi hai tirato addosso un pentolino... Ma sei fuori?!»

«Scusa, ma era l'unico modo» si giustifica Chloe rossa in volto. Lascia cadere lo zaino e la sacca della tenda. «Senti, capisco che ci sei rimasta male» dice riprendendo fiato.

«Solo male?! Ma ti rendi conto che...»

«Aspetta, fammi parlare! Se stamattina ti avessi scritto di Ian, tu che avresti fatto, a parte apprezzarmi come amica?»

«Gli avrei mandato un messaggio e...»

«Se è con la squadra, comunque non sarebbe venuto. E poi?»

Gea capisce dove vuole arrivare.

«Non sarei partita, ovvio».

«Appunto. E invece devi andare, Gea. È importante. Lo capisci?»

"Lei viene a dirmi che è importante..."

«Da sola non ce la faccio. Sei tu che non capisci, mi sa».

«*Hellooo! I'm heeere!*» esclama Chloe incrociando le braccia in aria.

Gea trattiene le labbra. La scenetta drammatica che la sua amica interpreta ogni volta che non si sente considerata è un *must* comico. Il suono della sirena le fa quasi saltare. Il traghetto è in partenza e avvisa gli ultimi passeggeri ritardatari.

«Allora, facciamo una cosa: o sali su quella nave, o io mi butto in mare».

«E buttati!»

«Ok» dice Chloe iniziando a camminare. Supera le borse e procede con passo lento.

Gea incrocia le braccia al petto e si gode la scena convinta che Chloe non lo farà mai. Lei si ferma sul bordo della banchina e dice facendosi sentire: «Non so neanche nuotare tanto bene».

«Non fare la cretina, vieni via!»

«No, mi butto!» esclama lei allargando le braccia.

«Ok, ok, ok!»

Chloe si volta.

«Ok… cosa?»

Il terzo colpo di sirena risponde per Gea. Chloe corre a recuperare le borse e il pentolino, la prende per un braccio, e lei si lascia trascinare.

«Aspetti, ci siamo anche noi!» grida verso l'uomo fermo all'imbarco.

Lui controlla i biglietti e le rimprovera per il ritardo. Non lo stanno a sentire, mentre corrono sulla scala di metallo entrambe, in modo diverso, felici. La nave inizia a staccarsi.

«Gea, ma quello…»

Ian dalla terraferma agita le braccia.

«Iiian!» Poi, rivolta a Chloe: «Dobbiamo dire al capitano di fermare la nave!».

Lui, con le mani a megafono, urla qualcosa che non riescono a sentire, poi fa un cenno che è una specie di *a dopo*, facendosi sempre più piccolo, come un pedone sulla scacchiera chiaroscura della banchina.

«C'è un traghetto ogni mezz'ora. Lo aspetteremo al porto e poi… saremo di nuovo in tre».

Gea abbraccia Chloe più forte che può e le sussurra: «Scusa per prima» mentre pensa a Ian, che ha rinunciato alla finale nazionale per accompagnarla a parlare con sua madre.

Trascorrono il tempo della navigazione a fare foto sul ponte. Chloe riesce persino a catturare il momento in cui gli occhiali da sole di Gea volano in acqua.

«Visto che ci tenevi tanto a buttarti, vai a riprendermeli tu?»

In un certo senso, anche quello è un momento di felicità.

«Scusate il ritardo, ma dovevo sistemare una questione».

Gea non ha mai apprezzato Ian come adesso. Si guardano senza accennare alla Neptune. Chloe rispetta il loro silenzio.

«Andiamo subito da tua madre?» domanda lui.

«No!» risponde lei sulla difensiva. «Prima pensiamo alla tenda per la notte».

Oltrepassano la strada, proseguono per un campo d'erba lasciato incolto, e poi oltre, dove la vegetazione s'infittisce.

«Qui comincia il bosco misto: pini e lecci, che sono quegli alberi bassi con la chioma larga. Fate attenzione al pungitopo e all'asparago pungente. Non serve che vi dica perché».

Guida gli amici alla scoperta della sua terra, ed è come se la conoscesse nuovamente, la riconoscesse. L'ombra si ferma al limitare del bosco misto. Sbucano in cima a una delle scogliere rocciose che disegnano il perimetro dell'isola.

«Mollate tutto e respirate!»

Si posizionano allineati in mezzo al cielo accecante – le nuvole da lì sembrano a portata di mano – e davanti all'orizzonte. Gea, dopo settimane di apnea, lascia entrare il soffio del mare per sentirlo dentro il petto. Percorrono una lunga stradina fra le pietre e raggiungono una cala di sabbia che, a quanto racconta Gea, fra gli abitanti dell'isola conoscono in pochi.

«Questo è il posto giusto per montare la tenda».

Dopo parecchi tentativi vani, in cui i pezzi di metallo non fanno che crollare sulla sabbia rossiccia, Ian propone di utilizzare la tenda come coperta. Fortuna che Chloe ha trascorso qualche estate in campeggio con le sue mamme e ha una vaga idea di cosa fare, e alla fine riescono a tirarla su.

Gea scava con i piedi mentre mangia un panino. Immerge nella sabbia anche la mano libera e la riporta fuori lasciando i granelli scorrerle fra le dita. Il suo corpo sta ritrovando l'habitat naturale.

«Abbiamo perso» dice Ian.

Gea valuta in pochi decimi di secondo due possibilità: rispondere o non rispondere. La squadra ha perso e lui non è con loro, sta seduto su uno sputo di sabbia che non sta nemmeno sulle carte geografiche. A far che? Ecco che, se avesse scelto la prima possibilità, si sarebbe ritrovata a parlare ancora una volta di se stessa e a mettere la sua vita sopra a quella di Ian. Così sceglie la seconda: aspettare, come Chloe, sebbene il suo sia un silenzio diverso, interrotto da qualche ronfo, mentre dorme col corpo sul telo e la testa nella sabbia.

«Avevo chiesto a Pietro di vincere anche per me. Non ti sto a dire cosa mi ha risposto, comunque mi sa che era impossibile. Il coach ha detto che sarebbe stato più probabile che la Terra venisse colpita da un asteroide che facesse estinguere l'umanità. Ha un modo di motivarci tutto suo».

Il telefono gli vibra tra le mani.

«Ancora l'energumeno?»

«Sì» risponde Ian. «Non mi ha mai scritto un messaggio prima d'ora e me ne manda due in tre minuti».

«Forse ti ama!»

«Smettila, scema» dice senza staccare gli occhi dallo schermo, poi le avvicina il telefono al viso.

Dopo le prime parole, Gea capisce perché Ian non legge ad alta voce.

Puoi dire alla figlia delle due donne che nessuno darà più noia alla sua famiglia, a meno che non vogliano ritrovarsi intervistati al tiggì delle 20:00 dalla madre Tiziana Sonante, visto che ho minacciato di fare i nomi e i cognomi.

«Il primo a essere intervistato sarebbe proprio lui» dice Gea, mentre Chloe si risolleva e scuote i capelli per liberarli dalla sabbia. Controlla il cellulare con gli occhi mezzi chiusi. Sorride.

«Le mie mamme mi hanno scritto quasi nello stesso momento e da due posti diversi».

«Si chiama sincronicità» dice Gea restituendo in fretta il telefono a Ian e stando attenta a non farsi vedere.

«Sincro che?!» domandano Ian e Chloe quasi in coro.

«Sono coincidenze speciali. Eventi che accadono senza un nesso, ma a cui noi diamo un significato, come se dipendessero l'uno dall'altro».

«Significa che io e le mie mamme siamo davvero collegate».

«Beata te!» interviene Ian. «La mia invece proprio non ne vuole sapere di collegarsi con me».

«Nel tuo caso il discorso è diverso» dice Gea. «Fai conto che un amico ti dica che quella sera manderanno un film che vuoi guardare tantissimo, ma non sai su che canale».

«Li proverei tutti...»

«Peccato che sia uno di quelli sconosciuti del digitale terrestre, che non raggiungeresti mai scorrendo la lista col telecomando».

«Allora chiederei al mio amico il numero».

«Appunto» dice Gea, lasciandogli qualche istante per riflettere. «Ian, perché non parli con i tuoi genitori? A volte abbiamo bisogno solo di conoscere il canale su cui sintonizzarci».

«Lo farò, forse... e che ne dici di farlo anche tu? Sta per tramontare il sole!»

Gea sente la propria espressione trasformarsi. A dare consigli è bravissima, tranne quando si parla di lei.

«Prima devo portarvi in un posto, anzi portarci».

A loro sembrerà che sia solo un altro modo per posticipare l'incontro con sua madre, e invece lei in quel luogo ci deve andare. Si sfila la t-shirt e i pantaloncini e li lascia davanti alla tenda, mentre continua a farsi coraggio. Cammina in costume sulla lingua di bagnasciuga che si fa sempre più stretta. Si tuffa, apre gli occhi sott'acqua e fa entrare il sale, l'azzurro e il profondo blu in lontananza. Riemerge, si volta verso i suoi amici ancora in piedi sull'ultimo lembo di spiaggia.

«State attenti agli scogli!»

Comincia a nuotare tenendosi distante dalla parete rocciosa alla sua sinistra. Dopo qualche bracciata, si ferma a controllare che loro siano in scia. Ian ride di Chloe per lo stile tutto suo e per gli allarmi annegamento che la loro amica lancia ogni due bracciate.

Gea riprende a nuotare, non manca molto. Raggiunge il piccolo scoglio sporgente. Giulio le aveva insegnato che è là che bisogna fermarsi prima dell'ultimo sforzo. Chloe e Ian si appoggiano alla stessa roccia, accanto a lei. Il loro petto si gonfia e sgonfia a un ritmo comune, che si sincronizza con quello di Gea.

Mentre il cielo e il mare iniziano a colorarsi di arancione, tutti gli occhi puntano nella stessa direzione: la cavità nera alla base dell'alta parete di roccia.

«Quella è la Grotta del Toro, il dio che governa l'isola. La leggenda dice che, entrando nella grotta, ha bucato la scogliera con le sue altissime corna. Andiamo?» domanda Gea apparentemente sicura di sé.

Dovranno attraversare un tratto di mare non si sa quanto profondo. Chloe e Ian prendono ancora aria e poi annuiscono, più lui che lei.

"Fortuna che il vento si è placato" pensa Gea fermandosi all'ingresso della grotta, dove comincia la penombra; spera che non si rialzi, altrimenti se la vedranno proprio brutta.

«Qualcuno può confermarmi che sono ancora viva?» domanda Chloe con l'ultimo fiato che le rimane, e si aggrappa a lei.

Ian si tiene con le mani agli scogli.

«Wow!»

Alle loro spalle c'è il buio della grotta che nessuno oserà sfidare. Davanti hanno l'infinito mare a riposo, di un colore bollente che lo fa sembrare più denso e che non avevano mai visto così – Gea ne è sicura – su cui si riflette il cielo in fiamme.

Il sole sfiora la linea dell'orizzonte, pronto a inabissarsi per lasciare il posto alla notte. Si sentono soltanto i loro respiri.

«Comincia a far freddo, non dobbiamo tornare?»

«Non ancora, Chloe».

«Perché ci hai portato qua?» chiede Ian, che è riuscito a staccarsi dal tramonto del sole.

«Fra poco lo vedrete... e lo sentirete».

Il cielo si scurisce. Ian e Chloe si muovono in acqua cercando di scaldarsi. Ecco la prima!

«L'avete vista?»

«Il gabbiano?» domanda Ian.

«Non è un gabbiano» risponde Gea, e inizia lo spettacolo.

Uno dietro l'altro, decine di uccelli attraversano in volo il cielo davanti a loro, come nere lance alate, e si posizionano nelle cavità della scogliera.

«Sono diomedee, e il loro canto dà forza a chiunque debba affrontare una grande prova».

Sembra un lamento, un coro di bambini lasciati soli. Gea sente un brivido sulla pelle, che non è di freddo e che aveva corso il rischio di dimenticare.

Quando riprendono a nuotare verso la cala, sono tutti e tre, a loro modo, cambiati, più forti. Le diomedee li accompagnano nella sera senza luna.

Appena arrivati, si lasciano cadere esausti sui teli. Gea entra in tenda, si passa un asciugamano sul viso, sulle braccia, sulle gambe. Pettina indietro i capelli bagnati, indossa la stessa gonna che aveva messo a scuola. Vuole che sua madre la incontri nel presente, non in un passato che non esiste più.

«Gea!» chiama Chloe da fuori.

«Ci sono!» risponde lei mentre completa il trucco leggero.

«Devi venire subito!»

Trova Chloe che la guarda col cellulare in mano. Ian, dall'espressione che ha, è evidente che sa già tutto.

«Guarda!»

«Controlli il registro elettronico pure adesso?! Che secchiona!»

«Scorri i nomi!»

Fra i primi arriva il suo.

«Blunotte Gea» dice, e poi lo ripete, e lo ridice per la terza volta, finché non realizza e lo grida.

Ora stanno urlando tutti e tre e saltando sulla sabbia. Significa che la dirigente ha acconsentito alla Carriera Alias, e pure che sua madre ha capito e fra poco l'accoglierà a braccia aperte.

Risalgono la scogliera a passo sostenuto. Gea si ferma quando vede la sua casa con le luci accese. Prende le mani di Ian e quelle di Chloe tra le sue.

«Ci siamo, e non avrei mai potuto farcela senza di voi».

Loro restano in silenzio.

«Grazie, innanzitutto per avermi conosciuta, per avermi sostenuta, per avermi aiutata a raggiungere il mio obiettivo, per avermelo ricordato quando facevo finta di dimenticarlo, per avermi ripresa tutte le volte che ho provato a scappare. Grazie, Chloe, per aver minacciato di suicidarti...»

«Ehi, mi sono perso qualcosa?» interviene Ian, mentre Chloe ride e piange insieme.

«Ora tocca a me. Ho una fifa assurda, ma mi sento felice, perché per la prima volta io e Gea siamo la stessa persona per tutti, anche per mia madre. Vado da lei con voi nel cuore. Noi ci vediamo fra poco in tenda».

Gea dà una carezza sulla guancia di Chloe e una su quella di Ian, poi si volta e cammina sul pietrisco verso casa.

La porta si apre e gli occhi profondi di Giulio ci impiegano un niente a inumidirsi, come fanno i suoi, nella semioscurità rotta dalla luce che arriva dall'interno. Suo fratello l'abbraccia e lei si nutre del senso di protezione che ne ricava.

«Sei bellissima» le dice poi, sorprendendola ancora e sciogliendo in parte le sue paure.

«Anche tu, e già abbronzato!»

Gea non accenna a entrare, e Giulio non la invita a farlo. Restano a parlare in territorio sicuro, avvolti dall'ombra, liberi. Le parole si moltiplicano, capaci di farli sentire più uniti che mai.

La distanza di quei lunghi mesi non ha interrotto neanche per un istante il loro tempo di sorella e fratello. Messaggio dopo messaggio, Gea ha riavvolto il gomitolo rosso per uscire dai suoi labirinti e ritrovare Giulio, che ha tenuto nella mano l'altro capo del filo in attesa del suo ritorno.

In casa c'è un silenzio che stona con i ricordi.

«La mamma dorme già?» gli domanda, ma non ascolta la risposta. Si avvicina al tavolino attratta da una fotografia. Incorniciata da una sottile stecca nera, c'è lei, seduta sul pavimento di pietra e avvolta da una luce calda. Gliel'ha scattata Chloe alla torre.

"Come c'è finita tra le foto di famiglia?" pensa, mentre la tiene tra le mani.

«Non aspettarti una grande accoglienza» le dice Giulio dopo averla raggiunta.

«Lo so. Non ci vediamo da tanto... ma sono felice perché la mamma mi riconosce come figlia!»

«Per la Carriera Alias, intendi?» L'espressione di suo fratello riaccende una paura che è difficile chiamare per nome. «Sta facendo molta fatica. Non è facile per una madre accettare che un figlio...» Quelle parole crollano sulle sue palpebre e gliele chiudono. «Ha bisogno di tempo» conclude lui.

"Maledetto tempo!"

Niente è come pensava.

«Vado via» dice Gea scuotendo la testa e creando un'immediata distanza da Giulio. Guarda il portoncino di casa rimasto socchiuso. «Tornerò quando sarà il momento, quando lei sarà pronta. O non tornerò. Non lo so più».

«Gea, ascoltami e pensa a quello che sto per dirti».

Invece lei non riesce a pensare a niente. Si sente fragile – dove sono i suoi amici? – poi Giulio le stringe le braccia con tutta la sua energia.

«Se te ne andrai, sarai venuta fin qui senza ottenere nulla. La mamma sapeva che saresti arrivata, quindi in un certo senso ti aspetta».

"In un certo senso... Quale versione di me sta aspettando? Quanto la deluderà vedermi? Quanto male ci faremo a vicenda, se salirò da lei?"

«Quella foto l'ho stampata io dai social della tua amica, l'ho incorniciata, l'ho messa fra le altre. Mamma l'ha vista. Il momento arriva se siamo noi a cercarlo, a crearlo».

Lei guarda ancora la ragazza nella cornice; Giulio ha ragione: è proprio bella.

«Il momento è questo, Gea».

«Ne sei sicuro?»

Giulio annuisce.

La scala al centro del salotto, su cui si era rifugiata mentre la sfuriata di suo fratello la salvava dalla dottoressa Galeano, è diventata una scogliera. Non può volare fin lassù perché non è una diomedea, ma può provare ad arrampicarsi.

«Io sono qua» le dice Giulio.

Fa un passo, poi un altro e un altro ancora. La corrente del mare la accompagna. Sale il primo gradino e subito il secondo, sapendo di potersi voltare indietro ogni volta che ne avrà bisogno. Non zoppica più, perché adesso è Gea.

INDICE